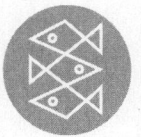

Seit sie das erste Mal Mutter geworden ist, hat sie keinen Namen mehr. Auch keinen Beruf und keine Hobbys. Sie ist nur noch »Benni-Mama«, also die Mutter von Ben. Jedenfalls für die anderen Mütter. Und das, obwohl sie inzwischen sogar noch eine Tochter namens Hannah und eine veritable Spielplatzkrise bekommen hat. In Ihrem richtigen Leben arbeitet Benni-Mama als freie Journalistin und Autorin und hat ihre Nachbarn alle sehr gern. Ehrlich!

Weitere Informationen, auch zu E-Book-Ausgaben, finden Sie bei *www.fischerverlage.de*

Benni-Mama

Kleine Scheißer in großen Gärten

Eine
Vorstadtmutter schlägt
sich durch

FISCHER Taschenbuch

Originalausgabe

Erschienen bei FISCHER Taschenbuch,
Frankfurt am Main, Juni 2015

© 2015 Benni-Mama
© S. Fischer Verlag GmbH, Frankfurt am Main 2015
Illustration Umschlaginnenseite: Katharina Schmidt,
kwittiseeds.de, Frankfurt
Satz: Dörlemann Satz, Lemförde
Druck und Bindung: CPI books GmbH, Leck
Printed in Germany
ISBN 978-3-596-03232-7

Inhalt

Die Mama,
das unbekannte Wesen

Warum Mütter keine Menschen sind und ich immer noch keinen richtigen Namen habe

»Mama?«

»Hmmm …«

»Mama? Mama! Maamaaa!!!«

»Hmm. Wasn …«

»Mama, wach auf, ich kann nicht schlafen.«

»Ben, es ist erst halb fünf. Was ist denn?«

»Mama, was ist der Unterschied zwischen Menschen und Tieren?«

»O Ben, bitte, frag Papa!«

»Der schläft aber.«

»Ich habe auch geschlafen, bevor du mich geweckt hast!«

Aber jetzt ist es ohnehin zu spät. Also setze ich mich auf, ziehe meinen fünfjährigen Sohn zu mir unter die Bettdecke und erkläre, dass Menschen auch so eine Art Tiere sind, nur klüger. Obwohl, na ja, meistens jedenfalls. Dass das alles ein bisschen komliziert ist für diese Uhrzeit, ich dazu später gern weiter ins Detail gehe, aber jetzt: Marsch ins Bett und weiterschlafen!

Ben schaut mich prüfend an und sagt: »Ich glaube, du bist gar kein Mensch und auch kein Tier. Du bist was anderes: Du bist eine Mama!«

Das hat er wirklich messerscharf beobachtet, mein kluger Sohn. Seit er auf der Welt ist, bin ich eine andere. Ein Mischwesen, menschlich von Gestalt, jedoch getrieben von Instinkten. Changierend zwischen Selbstzweifeln und Überlegenheitsgefühlen, randvoll mit absurden Ängsten und Sorgen, die so schwarz sind wie die Ringe unter meinen Augen. Bereit, die eigene Brut notfalls mit roher Gewalt gegen andere Kinder, andere Eltern, konkurrierende Ernährungs- und Erziehungsprinzipien zu verteidigen. Gleichzeitig sofort in Tränen aufgelöst, wenn sonntagabends im »Tatort« ein Kind zu Schaden kommt. Theoretisch unbestechlich und konsequent, praktisch babykackaeinfach mit einem Augenaufschlag und einem Kinderküsschen um den Finger zu wickeln. Oder einem öffentlichen Tobsuchtsanfall, möglichst in der Nähe einer Supermarktkasse oder in der IKEA-Küchenabteilung.

Ich weiß, was es mit dem Begriff »Muttertier« auf sich hat, spätestens seit ich während Bens Geburt Geräusche von mir gab, die sich anhörten wie ein steinzeitliches Mammut-Massaker, und mir sämtliche Sicherungen durchknallten, kaum hatte man mir das schreiende, verschmierte Baby an die Brust gelegt.

Ich verbrachte Tage im Hormonrausch, abwechselnd durchflutet von Panik und Glückseeligkeit, ich schickte jedem noch so entfernten Bekannten gruselige Fotos von meinem schrumpeligen Kind. Ich war der festen Überzeugung, die erste Frau auf der Welt zu sein, die ein Baby bekommen hat, und dass nichts, aber auch gar nichts wichtiger sein könnte, als seine Verdauungs- und Einschlafprobleme, seine Bäuerchen und sein zahnloses Lächeln.

Aber irgendwann ging dieser Zustand auch wieder vorüber. Ich hörte auf, mich selbst nur noch als »die Mama« zu bezeichnen, begann wieder damit, die Zeitung zu lesen und Erwachsenen-Musik in Zimmerlautstärke zu hören. Sogar Sex kam mir plötzlich nicht mehr ganz so abwegig vor. Kurzum, ich wurde wieder ich selbst: Eine Frau mit einem Namen, einem »irgendwas mit Medien«-Beruf (auch wenn der gerade Pause machte), einer Meinung und diversen Interessen, die nichts mit Windeln und Pekip-Kursen zu tun hatten.

Leider hat mein Umfeld von meiner Rückverwandlung in eine Frau mit Gehirn nichts mitbekommen. Ich mochte mich zwar wieder fühlen wie ein Mensch, für die Welt da draußen war ich aber weiterhin zu allererst eine Mama. Abends zog die alte Clique ohne mich um die Häuser (»Naja, wir dachten du hast keine Lust auszugehen, du hast ja jetzt ein Baby.«). Und tagsüber verschwand ich endgültg hinter einem enormen Kinderwagenluxusschlitten, in dem Ben thronte wie ein kleiner, zahnloser König und huldvoll seinem Volk winkte, für das ich – immerhin die Königsmutter – absolut unsichtbar zu sein schien.

Hatte ich Geburtstag, bekam ich nun Dinge fürs Kind geschenkt. Oder Gutscheine für Fitnesskurse mit dem Namen »Mamafit«. Statt dem starken Kaffee, den ich gebraucht hätte, servierte man mir ungefragt »Muttivitaminsäfte«. Und als ich für Ben nach langer und schwieriger Suche endlich einen Kitaplatz ergattert hatte, bekam ich gleich am ersten Tag von der resoluten Erzieherin Petra den Namen »Benni-Mama« – denn das schien für sie mein markantestes Wesensmerkmal zu sein: dass ich die Mutter von Ben bin.

Seitdem nennt mich die Welt da draußen Benni-Mama. Und daran hat noch nicht einmal die Tatsache etwas geändert, dass ich inzwischen auch die Mama von Hannah bin, meiner zuckersüßen Tochter, die vor einigen Wochen geboren wurde. Nicht, dass man mich falsch versteht – ich bin sehr gern die Mutter von Ben und Hannah. Aber es gibt Tage, da beneide ich ihren Vater. Der ist nämlich trotz seiner sehr engagierten Vaterschaft ein Mann mit Beruf und Hobbys und einer gefragten Meinung zu Themen jenseits von Pastinakenbreirezepten und musikalischer Früherziehung. Niemand – außer mir – käme auf die Idee, ihn »Benni-Papa« zu nennen oder ihn zu fragen, wie er Job und Familie eigentlich unter einen Hut bringen will. Vor allem muss er nicht jeden Tag vor einer unerbittlichen und überkritischen Jury aus Super-Muttis und Spielplatzköniginnen vortanzen, die darüber entscheidet, ob man diesen Mama-Job auch gut genug macht. So wie ich, besonders seit ich mit Hannah wieder in Elternzeit bin und mir wieder täglich bewusst wird, dass das Anstrengendste am Muttersein gar nicht immer die Kinder sind. Sondern die anderen Mütter.

Und just heute ist wieder so ein Tag direkt aus der Mütterhölle. Vormittags treffe ich meine Schwangerschaftsyoga-Bekanntschaft Veronika, die gerade von ihrer Asienreise zurückgekommen ist. Ihrer Asienreise mit Baby wohlgemerkt, denn der kleine Paul war noch nicht ganz abgenabelt, da haben Veronika und ihr Freund schon die Rucksäcke gepackt um die gemeinsame Elternzeit auf Bali, in Vietnam und Kambodscha zu verbringen. Ganz toll sei das gewesen, kein bisschen anstrengend, denn Paul schläft von Geburt an durch, lässt sich liebend gern von

Elefanten oder Fahrradrikschas durch die Gegend schaukeln, und während Vero und ihr Macker die Nächte am Strand durchgetanzt haben, hat sich Paul in einer nahen Hängematte zwischen zwei Palmen seinen süßen Babyträumen hingegeben.

Von all diesen Abenteuern gibt es natürlich unzählige Smartphonefotos, die ich mir alle ansehen muss (Paul am Strand, auf dem Fischerboot, auf dem Einheimischenmarkt, vor der Tempelruine), während wir auf meinem mit Legosteinen übersäten Wohnzimmerfußboden in unserer Dreizimmerwohnung zwischen dem Wäscheständer und der mit Milchkotzflecken besprenkelten Couch sitzen, auf der noch die Bettdecke von Benni-Papa liegt – denn Hannah schläft eigentlich nie und erst recht nicht in Hängematten oder einfach nur in ihrem Bett, sondern wenn überhaupt, dann auf mir, nachdem ich sie eine halbe Stunde lang in den Schlaf geschuckelt habe.

Ich schaue ungläubig auf Paul, der gerade noch mit dem Befingern und Belutschen seiner Stoffrassel beschäftigt war und dann einfach so auf seiner Decke eingeschlafen ist, während Veronika mir erklärt, dass sie nun darüber nachdenken, die Wohnung und ihre Jobs zu kündigen, sich ein kleines Boot zu kaufen und mit Paul um die Welt zu segeln. »Man braucht so wenig zum Glücklichsein, weißt du?«, schnurrt sie. »Ihr solltet auch mal raus. Mal ein bisschen lockerer werden und euch auf ein Abenteuer einlassen.«

Ja? Sollten wir das? Kann sein, aber irgendwie bin ich gerade einfach zu müde für ein Abenteuer. Und vielleicht tatsächlich nicht locker genug, um mit Baby und Kleinkind auf Weltreise zu gehen. Hatten wir nicht schon genug Stress damit, im strömenden Regen und mit zwei schreienden Kindern auf der Rückbank unsere Ferienwohnung an der Nordsee zu finden?

Jetzt jedenfalls muss ich Veronika und den schlafenden Paul rausschmeißen, denn Hannah und ich müssen Ben aus der Kita abholen. Ich versuche noch schnell, einhändig und mit der greinenden Hannah auf dem Arm einen Apfel in Stückchen zu schneiden, verwerfe den Plan aber wieder und schmeiße eine Tüte Reiswaffeln in meine übergroße Wickeltasche. Dann wuchte ich Baby, Wickeltasche und Kinderwagen aus dem zweiten Stock in den Hausflur und will gerade aus der Tür, als ich Hannahs inwendigen Blick bemerke und sich kurz darauf ein senfgelber Fleck auf der Kinderwagenmatratze breitmacht. Kackalarm! Ich hole also das bis zum Hals eingekackte Baby wieder aus dem Wagen, nehme die Matratze gleich mit, lasse Wickeltasche und Kinderwagen unten im Hausflur stehen und hechte wieder nach oben in den zweiten Stock. Kind ausziehen, saubermachen, wickeln, anziehen. Mich selbst saubermachen und umziehen. Die Kinderwagenmatratze abziehen und in Ermangelung eines Ersatzbezugs (Anfängerfehler, ich weiß …) einfach ein Küchenhandtuch schnappen. Dann wieder runter in den Hausflur, wir sind spät dran, die Kita macht gleich zu. Hannah quengelt, denn jetzt, nachdem sie so schön verdaut hat, möchte sie eigentlich wieder gestillt werden. Geht jetzt nicht, mein Schatz, wir müssen los, warte, bis wir auf dem Kita-Spielplatz sind!

Unten im Hausflur beugt sich gerade unser Hauswart Herr Krause über meinen leeren Kinderwagen. »Der darf hier nicht stehen, wie oft muss ich Ihnen das noch erklären. Kinderwagen im Hausflur versperren die Fluchtwege«, schnarrt er.

»Im Moment versperrt hier nur einer meinen Fluchtweg und das sind Sie, Herr Krause«, schnaufe ich, stopfe die Matratze wieder in den Kinderwagen, lege das Küchenhandtuch auf den Kackfleck und die greinende Hannah auf das Küchenhandtuch, werfe mir die Wickeltasche über und stürze aus dem Haus.

Schwitzend und mit einem inzwischen verzweifelt schreienden Baby im immer noch müffelnden Kinderwagen komme ich am Spielplatz der Kita »Wilde Schlümpfe« an, ignoriere den »Ganz schön spät dran«-Blick der Erzieherinnen und setze mich etwas Abseits der anderen Kita-Mütter auf eine Bank, um endlich Hannah zu stillen. Ben wühlt in meiner Wickeltasche und fördert die Packung Reiswaffeln zutage, die er nun an seine Kita-Kumpels verdealt.

»Ich will ja nichts sagen, aber diese leeren Kohlehydrate sind wirklich nicht das, was unsere Kinder nach einem langen Kitatag brauchen«, flötet Bio-Bärbel, unsere Kita-Vollkornkriegerin, die sich unbemerkt neben mich auf die Bank gesetzt hat. Dann packt sie drei Tupperdosen mit Apfelschnitzen, Weintrauben und Amarantkeksen aus und beäugt meinen Kinderwagen. »Warum trägst du Hannah eigentlich nie? Ist doch viel praktischer, so ein Tragetuch, und die Kinder brauchen doch so viel Körperkontakt. Säuglinge sind Traglinge, weißt du?«

»Ich weiß«, erwidere ich matt. »Aber mir ist das einfach zu warm im Sommer. Ich schwitze dabei, Hannah schwitzt dabei und außerdem komme ich mit diesen Tragetüchern nicht zurecht.«

»Aber mit Küchenhandtüchern scheinst du ja bestens zurechtzukommen«, sagt Bio-Bärbel spitz. »Du, ich kann dir das gern mal zeigen mit dem Tragetuch, ich hab den Ole ja getragen, bis er vier war. Ich habe noch ganz tolle handgewebte Modelle, direkt aus Namibia.«

»Och ne, danke du, wirklich«, stottere ich, da gesellt sich schon Finn-Mama zu uns, schaut auf die an meiner Brust vor sich hindösende Hannah und fragt:

»Na, schläft die Kleine immer noch so schlecht?«

»Ja, naja, sie ist ja auch erst zwei Monate, in dem Alter hat Ben auch schlecht geschlafen«, sage ich.

»Wundert mich aber auch nicht, wenn du sie an der Brust einschlafen lässt. So schläft die nie durch. Und das mit dem Abstillen wird auch die Hölle«, doziert Finn-Mama.

»Ich will Hannah auch noch gar nicht abstillen. Und bei Ben hat das ja doch ganz gut geklappt.«

»Na gut, muss ja jeder selber wissen. Ich dachte nur, du willst sicher ein bisschen früher zurück in den Job als bei Ben. Nicht wieder so total den Anschluss verlieren.«

»Du immer mit deiner Arbeit«, nölt Bio-Bärbel auf meiner anderen Seite. »Muttersein ist doch der beste Job der Welt. Und Benni-Mama macht alles richtig. Sie stillt ihr Kind nach Bedarf, und in zwei Jahren ist die Mutter-Kind-Bindung so gefestigt, dass die kleine Hannah ohne psychische Schäden in die Kita gehen kann.«

»Also, ich hatte schon gedacht, dass Hannah mit eins in die Kita geht, so wie Ben. Der hat ja auch keine psychischen Schäden«, sage ich.

»Ja, aber den Schaden hat deine Karriere«, sagt Finn-Mama. »Gerade du als Freiberuflerin musst doch deine

Kunden bei der Stange halten. Am Ball bleiben. Die neuesten Trends mitbekommen. Also wenn ich nicht in der Elternzeit schon diverse Projekte angeschoben hätte, wer weiß, ob ich heute so erfolgreich wäre. Ihr teilt euch doch wenigstens die Elternzeit, du und dein Mann, oder?«

»Ja, nein, nicht so richtig«, stottere ich. »Länger als drei Monate lässt sein Chef ihn nicht gehen.«

»Ach komm, gib zu, du willst das nur nicht mit ihm aus-kämpfen«, sagt Finn-Mama. »Du musst dich bei so was durchsetzen. Fifty-fifty, alles andere ist Verrat am Femi-nismus!«

»Das ist doch menschenverachtend, dieser Hype um die Karriere«, nölt Bio-Bärbel. »Kinder sind unsere Zu-kunft, und du solltest dir wirklich gut überlegen, ob deine Arbeit dir so viel wichtiger ist als die süße kleine Hannah. Ich hab übrigens noch ein paar alte Wolle-Seide-Bodys von Ole zu Hause, die bringe ich dir mal mit. Dieses Baumwollzeugs, das du deinem Baby anziehst, steckt doch voller Gift.«

»Ben, können wir jetzt bitte los und ein Eis essen ge-hen?«, rufe ich verzweifelt, stehe von meiner Bank auf, docke die schlafende Hannah ab, lege sie in den Kinder-wagen und zerre den verdutzten Ben vom Spielplatz in Richtung Eisdiele.

Mit halbem Ohr höre ich, dass sich Finn-Mama und Bio-Bärbel noch immer darum streiten, ob ich nun eine karrieregeile Kuh oder doch eher ein Heimchen am Herd bin, aber mein Zorn verfliegt im Nu, als mich der nette italienische Eisverkäufer glutäugig anblickt und sich mit der Hand ans Herz fast. O lieber Gott, danke, endlich mal wieder ein Mann, der mit mir flirtet, denke ich, und versuche mich an einem Augenaufschlag, da raunt er mir über den Tresen hinweg zu: »Signora, Ihre Brust …!«

Meine Brust! Die Stillbrust! Baumelt nackt aus meinem geschlitzten Stilloberteil. Ich möchte bitte sofort sterben oder wenigstens in einem Erdloch verschwinden, aber gute Mutter, die ich bin, verstaue ich die Brust in ihrem Still-BH und unter meinem T-Shirt, kaufe meinem Sohn sein Erdbeereis mit Streuseln, frage mich, wie ich Ben erklären könnte, dass wir für den Rest des Sommers einen Bogen um die Eisdiele machen müssen, und schiebe gesenkten Hauptes meinen Kinderwagen nach Hause. Wuchte Baby, Kinderwagen und Wickeltasche wieder in den zweiten Stock, während Ben unten im Hausflur einen Tobsuchtsanfall bekommt und schreiend auf dem Boden vor den Briefkästen liegt, weil er es total ungerecht findet, dass immer alles die Treppe hochgetragen wird – nur er nicht.

Hauswart Krause guckt aus der Tür seiner Erdgeschosswohnung und sieht kopfschüttelnd zu, wie ich die Treppe wieder runtergehechtet komme, mir den zappelnden und um sich tretenden Ben unter den Arm klemme und wieder hoch marschiere. »Das hätte es früher nicht gegeben, so was«, höre ich unseren Hauswart noch murmeln und male mir für den Rest des Nachmittags aus, wie ich Krauses Kopf in unseren vollen Windeleimer drücke, bis er um Gnade winselt.

Am Abend, als die Kinder endlich schlafen, findet mich mein Mann in einer großen Lache aus Selbstmitleid auf dem Sofa liegend. »Ich will das alles nicht mehr!«, greine ich in meinen Fenchel-Anis-Kümmel-Tee. »Ich will diese ganzen blöden Weiber nicht mehr sehen. Diese Spielplatzfressen. Diese Supermuttis. Ich hasse sie! Den ganzen Tag muss ich mir anhören, dass ich nicht locker genug bin. Oder zu locker. Nicht abenteuerlustig und nicht emanzipiert genug. Zu sehr oder zu wenig interessiert an meinem Job. Dass ich zu viel oder zu wenig Zeit mit meinen Kindern verbringe. Sie nicht richtig ernähre, transportiere, erziehe. Permanent muss ich mein Leben mit all diesen anderen Frauen abgleichen, die mir ungefragt ihre Meinung um die Ohren hauen und denen ich nicht entkommen kann. Dabei will ich einfach nur meine Ruhe. Ich will ganz in Ruhe und ohne schlechtes Gewissen mein stinknormales Durchschnittsleben führen dürfen, denn das macht mich schon müde und glücklich genug. Und außerdem will ich nie wieder vor den Augen von Blockwart Krause diesen Kinderwagen oder meine schreienden Kinder in den zweiten Stock tragen. Ich will keine überseekoffergroße Wickeltasche voller Getränke und Spielplatzsnacks mit mir herumschleppen. Ich will überhaupt nicht mehr auf Spielplätzen herumsitzen. Ich will einen Garten, mit hohen Hecken, so dass mir keiner beim Stillen auf die Brüste glotzt. Ich will mehr Platz. Ich will ein eigenes Arbeitszimmer und nicht länger so tun, als wäre der Küchentisch ein adäquates Büro. Ich will ein Haus! Mit Garten! Ohne Nachbarn über und unter uns! Und die Nachbarn rechts und links sollen bitte genauso durchschnittliche Eltern sein wie wir!«

Mein Mann schaut mich fassungslos an. »Ist das dein Ernst? Du willst raus aus unserer Wohnung? Raus aus der Stadt?«

Ich nicke. Und mein Mann sagt: »Das trifft sich gut, denn ich habe heute ein Angebot bekommen, das wir eigentlich nicht ablehnen können ...«

Raus ins Grüne

Wie erkläre ich meinen Freunden, dass »spießig« der neue Punk ist?

»Mädels, ich muss euch was sagen: Wir ziehen raus.«

Normalerweise folgt auf Ankündigungen dieser Art (Wir heiraten! Ich bin schwanger! Ich bin wieder schwanger!) ein freudiges Kreischkonzert meiner Freundinnen, dann fallen sie mir in die Arme, wir öffnen eine Flasche Prosecco und suhlen uns ausgiebig gemeinsam in der Vorfreude auf das anstehende Ereignis. Aber diesmal? Blicke ich in die schreckgeweiteten Augen meiner sichtlich fassungslosen Freundinnen Sabine, Karla und Anna.

»Okay, noch mal von vorn, möglicherweise habt ihr mich gerade missverstanden. Ich habe weder Krebs noch lassen wir uns scheiden. Wir ziehen nur raus aus der Stadt. Nach Blumfeld. In ein Haus.«

»Das ist der Anfang vom Ende eurer Ehe«, raunt Sabine. »Nichts macht eine Scheidung so wahrscheinlich wie der Bau eines Hauses.«

»Wir bauen ja gar nicht selber«, erkläre ich. »Wir kaufen. Und das Haus ist bereits verantwortlich für eine Scheidung, nämlich für die eines Kollegen meines Liebsten. Der hat es mit seiner Frau gebaut, dann hat sie eine Affäre mit dem Fliesenleger angefangen, die Ehe ist im Eimer und jetzt müssen sie es möglichst schnell wieder loswerden. Ein echtes Schnäppchen. Und kein Haus will für mehr als eine Scheidung verantwortlich gemacht werden. Ich glaube, wir müssen uns keine Sorgen machen.«

»Aber: DU in der Vorstadt? Weit und breit kein Kino, keine Kneipe, kein Theater? Das war dir doch immer so wichtig!«, sagt Karla.

»Ja, stimmt, das war mir immer wichtig. Ist es auch immer noch. Genau wie Ausschlafen, allein aufs Klo gehen und in Ruhe frühstücken. Alles toll, aber im Moment nun mal so wahrscheinlich wie spontaner Sex auf dem Küchentisch. Im Ernst: Wann waren wir zuletzt spontan zusammen im Theater oder im Kino und haben danach in einer verrauchten Kneipe bis spät in die Nacht über den Zustand der Welt und des Regietheaters diskutiert?«, frage ich.

»Kann ja sein, aber weder der Küchentischsex noch der spontane Kneipenabend werden wahrscheinlicher, wenn du in die Walachei verschwindest und nur noch mit spießigen Vorstadtmuttis rumhängst«, sagt Anna.

»Aber vielleicht will ich ja gerade das! Mit spießigen Vorstadtmuttis rumhängen. Weil ich selber eine bin. Nur, dass ich hier in der Stadt ständig so tun muss, als wäre ich in Wahrheit ein Superweib ohne Schlafbedürfnis, mit flachem Bauch, interessanten Projekten, Weltreiseplänen und hochbegabten Kindern. Bloß nicht durchschnittlich. Wenn ich hier auf dem Spielplatz beiläufig erwähne, dass ich gerne mal Erdbeermarmelade kochen würde, dann bin ich für die eine Spielplatzmutti, eine Anti-Feministin, weil ich überhaupt erwäge, den Herd anzuschalten anstatt mich um meine finanzielle Unabhängigkeit zu kümmern. Die nächste belehrt mich über den Pestizidgehalt spanischer Erdbeeren und gibt mir eine Liste mit Bio-Farmen mit Selbstpflückerangebot. Die dritte weist mich auf ihren Food-Blog ›Kreativ kochen mit Kindern‹ hin, den sie täglich mit ganz tollen neuen Ideen und Rezepten und Fotos von sich und ihren Superbälgern bestückt – neben ihrem Job als Unternehmensberaterin. Abends habe ich dann keine Lust mehr, Marmelade zu kochen, weil dieses ganze Erdbeermarmeladeprojekt plötzlich zum Gradmesser dafür wird, ob ich eine gute Mutter und eine selbstbestimmte Frau bin.«

Und jetzt öffne ich den Prosecco, meine drei Freundinnen scheinen einen Schluck Alkohol zu brauchen, denn sie schauen mich immer noch verständnislos an.

»Okay, ich verstehe, du willst Erdbeermarmelade kochen, ohne dafür von irgendwelchen anderen Frauen beurteilt zu werden«, sagt Anna. »Aber wie kommst du auf die Idee, dass das im Speckgürtel anders ist? Warum sollten die Vorstadtfrauen weniger anstrengend sein als deine Spielplatzmuttis? Hast du nie ›Desperate Housewifes‹ gesehen?«

»Genau. Ich habe noch nie gehört, dass Dörfler für ihre Toleranz bekannt wären. Du kommst doch selber vom Dorf, hast du nicht immer gesagt, wie sehr dich das genervt hat? Die soziale Kontrolle, das ewige ›Was sollen die Nachbarn denken?‹«, sagt Sabine.

»Ich ziehe ja nicht aufs Dorf, sondern in eine Neubausiedlung am Rande eines Dorfes, das man noch als Teil der Vorstadt bezeichnen könnte. Und ich bin mir sicher, da leben keine ›Dörfler‹, sondern dieselben Menschen wie ich: Leute, die eigentlich gern in der Stadt wohnen, aber in Ruhe ihre Brut aufziehen wollen – mit mehr Platz, einem Zimmer für jeden, einem Garten und netten Nachbarn.«

»NEUBAUSIEDLUNG?«, prusten meine drei Freundinnen jetzt. »Echt? Das ist ja noch schlimmer als Dorf!«

»Bitte sag, dass euer Haus keins von diesen blauen Dächern hat«, sagt Karla mit gespieltem Entsetzen.

»Doch, hat es!«

»Und einen Carport?«, wiehert Anna.

»Einen angefangenen. Der Vorbesitzer konnte ihn nicht mehr fertig bauen, bevor seine Frau die Scheidung eingereicht hat«, sage ich.

»O Gott, und dein Mann steht dann jeden Abend am Grill und du wirst jahreszeitlich passende Dekokränze für die Haustür flechten«, gackert Sabine.

»Nur noch Rezepte aus der Landlust kochen!«

»Geranien pflanzen!«

»'nen dicken Sitzrasenmäher anschaffen!«

»Samstag schön die Familienkutsche polieren!«

»Fehlt nur noch das selbstgebastelte Vogelhäuschen!«

»Und ein Namensschild aus Salzteig an der Tür!«

Meine drei Freundinnen halten sich die Bäuche vor Lachen, während sie sich mein zukünftiges Spießerleben ausmalen – und ich halte schön meinen Mund und denke: Lacht ihr nur! Spottet ruhig! Aber nächsten Sommer, während ihr in euren überhitzten, engen Stadtwohnungen sitzt oder beladen mit Kühltaschen und Kinderspielzeug in Richtung Stadtpark schlurft, wo ihr auf Wiesen voller Hundekacke und Zigarettenkippen eure kleinen, erbärmlichen Kugelgrills aufbaut, sitze ich im Liegestuhl, sehe meiner Tochter beim Gänseblümchenpflücken zu, während mein Sohn mit den Nachbarskindern auf unserer verkehrsberuhigten Straße Fußball spielt. Und wenn ich Durst habe? Hole ich mir ein eisgekühltes Bier aus dem Kühlschrank. Und wenn ich aufs Klo muss? Gehe ich mal eben kurz rein, in mein Spießerhaus. Und wenn ich einsam bin? Schau ich über den Gartenzaun, ob meine nette Nachbarin da ist und einen Kaffee mit mir trinken will. Und wenn ich gerade keinen sehen will? Dann muss ich das auch nicht, denn in meinem eigenen Haus, in meinem eigenen Garten kann mir niemand auf den Senkel gehen, der nicht zufällig mit mir verwandt ist und auch dort lebt.

»Und wenn Ziersträucherwochen im örtlichen Gartencenter sind, lädst du uns dann ein? Oder suchst du dir dann neue Freundinnen, mit denen du über Tulpenzwiebeln und Kräuterzucht fachsimpeln kannst?«, gluckst Anna.

»Sehr witzig!«, sage ich. »Ihr könnt natürlich jederzeit vorbeikommen. Und bringt auch ruhig eure Kinder mit, damit die mal ein bisschen frische Luft abkriegen und möglicherweise lernen, eine Kuh von einem Meerschweinchen zu unterscheiden.«

»Apropos Kinder: Was sagt eigentlich Ben dazu, dass ihr umzieht?«, fragt Karla.

Tja, gute Frage. Denn bislang habe ich Ben noch gar nicht erzählt, was wir vorhaben. Dabei ist er ja – neben seiner Schwester Hannah – einer der wichtigsten Gründe, warum wir überhaupt aus der Stadt raus wollen.

Ich war selbstverständlich davon ausgegangen, dass er die Aussicht auf ein Haus mindestens genauso toll finden würde wie wir. Doch wie so oft braucht es nur ein Telefonat mit meiner Mutter, um an allem zu zweifeln.

»Ach, soso, ein Haus auf dem Land«, sagt meine Mutter spitz, als ich ihr von unserem Vorhaben berichte.

»Ein Haus in der Vorstadt, Mama. Nicht auf dem Land. Aber immerhin mit Garten.«

»Und dabei hast du Gartenarbeit als Kind doch immer so gehasst. Ich muss mich schon sehr wundern.«

»Ich weiß, Mama.«

»Das hättest du alles leichter haben können, meine Liebe. Hier. Zu Hause. Das Baugrundstück gleich neben uns wäre immer noch zu haben gewesen.«

»Ich weiß, Mama.«

»Dann wäre ich auch ganz in der Nähe, und die arme Hannah und der arme Ben müssten nicht in eine dieser schrecklichen Kitas gehen, damit du deinen ach so wichtigen Beruf ausüben kannst. Die armen kleinen Schätze!«

»Ich weiß, Mama.«

»Und jetzt, nachdem du so dringend weg wolltest aus unserem Dorf, weil dir das Leben in der Stadt so viel aufregender erschien, willst du all das wieder aufgeben? Der Kinder zuliebe?«

»Ja, nicht nur, aber auch.«

»Und ist dir dabei nicht einmal auch der Gedanke gekommen, dass der arme Ben nun seine Freunde verliert? Sein soziales Umfeld? Seine Bezugspersonen? Nun hast du das arme Kind so früh in diesen Kindergarten gesteckt und jetzt soll er sich schon wieder umstellen? Wenn ich wenigstens in der Nähe wäre, um ihm diese traumatische Zeit ein bisschen zu erleichtern …«

»Mmmh, du, Mama, der Empfang ist ganz schlecht, ich ruf dich später noch mal an, okay?«

In dieser Nacht sitze ich alle zwei Stunden aufrecht im Bett und stille Hannah, während in meinem Kopf der

Spott meiner Freundinnen und der Tadel meiner Mutter wüten. Und was, wenn sie recht haben? Wenn das alles eine Schnapsidee ist? Wenn ich Ben unglücklich mache? Die ersten zarten Freundschaftsbande zerstöre, nur weil ich die Mütter seiner Kumpels nicht ertrage? Wird er mich nicht spätestens in der Pubertät dafür hassen, dass wir aus der Stadt weggezogen sind? Wird er dann mit seinen Vorstadtfreunden die Nachmittage im Bushaltestellenhäuschen verbringen und die Tage zählen, bis er endlich den Führerschein machen und weit, weit weg fahren kann – so wie ich damals? Und bis dahin ganz furchtbar viel kiffen, aus Langeweile? Ist Blumfeld der Ort, an dem die Drogenkarriere meines Sohnes beginnt? Verursacht durch die traumatische Trennung von seiner gewohnten Umgebung und durch den Egoismus seiner Mutter?

»Wasn jetzt schon wieder los«, murmelt Benni-Papa schlaftrunken neben mir. »Warum stöhnst du die ganze Zeit?«

»O Verzeihung, habe ich dich etwa aus deinem wohlverdienten Schlaf geweckt, mein Liebster? Ich bin untröstlich! Hannah, mein Schatz, könntest du bitte nicht alle zwei Stunden aufwachen und Hunger haben? Dein Herr Vater braucht seine Nachruhe. Und er möchte auch nicht mit unseren Sorgen behelligt werden.«

»Jaja, schon gut, entschuldige. Also: Was ist los? Worüber machst du dir Sorgen?«, fragt mein Mann und setzt sich ebenfalls im Bett auf.

»Ich frage mich, ob wir nicht einen Fehler machen. Ob wir wirklich umziehen sollten.«

»Was? Wie kommst du denn jetzt darauf? Darf ich dich zitieren? ›Ich will das alles nicht mehr! Ich will hier weg!

27

Ich kann diese Supermuttis nicht mehr ertragen! Ich will mehr Platz! Ich will ein Arbeitszimmer! Ich will einen Garten!‹ Alles deine Worte.«

»Ja, ich weiß. Aber was, wenn Ben uns dafür hasst? Hannah wird es ja nicht anders kennen, aber Ben wird sicher seine Freunde vermissen. Und die Kita. Sein gewohntes Umfeld.«

»O Gott, hast du etwa mit deiner Mutter telefoniert? Hat sie dir diesen Quatsch eingeredet? Oder sind das die Stillhormone, die dich so wuschig machen? Weißt du was, gleich morgen erzählen wir es Ben, und du wirst sehen: Er wird sich darauf freuen.« Dann dreht er sich um und schläft weiter, mein Gatte, meine Stütze in guten wie in schlechten Zeiten.

Am nächsten Morgen mache ich Ben einen extra-schaumigen Angeber-Kakao mit Streuseln, setze mich zu ihm an den Küchentisch, schaue ihm zu, wie er die Marmelade von seinem Toastbrot lutscht und starte mein Geständnis.

»Ben, mein Schatz, ich muss dir was ganz Tolles erzählen.«

»Okay.«

»Der Papa und ich haben ein Haus gekauft.«

»Okay.«

»Ein grooooßes Haus mit einem grooooßen Garten und einem grooooßen Kinderzimmer, ganz für dich allein.«

»Okay.«

»Und in zwei Monaten, kurz bevor das Christkind kommt, packen wir alle deine Spielsachen ein und ziehen in dieses Haus.«

»Okay.«

»Du gehst dann in eine andere Kita, aber alle deine Freunde kommen uns trotzdem besuchen, so oft du willst.«

»Okay.«

Puh, das war leicht, denke ich. Ben bröselt die Reste seines Toasts in den Kakao und scheint die bahnbrechenden Neuigkeiten zu verarbeiten. Dann schaut er mich durchdringend an, und ich versuche, möglichst zuversichtlich auszusehen. Denn ich ahne sofort, dass mein fünfjähriger Sohn direkt durchschaut hat, welchen unglaublichen Trumpf ich ihm da gerade in die Hand gegeben habe. Nichts macht eine Mutter erpressbarer als die Angst vor Kindertränen.

»Du, Mama?«

»Ja, Schatz?«

»Krieg ich dann einen Hund?«

Wunderwelt Wendehammer

Brot, Salz und unsere neuen Nachbarn

»Mama, Pupsi hat schon wieder gekotzt!«

Vom Beifahrersitz aus betrachte ich das Desaster auf der Rückbank unseres alten Passats: Hinter mir sitzt Ben in seinem Kindersitz und blickt mit großen »Da kann ich aber gar nichts für«-Augen auf Pupsi, unseren schwarzen Labradorwelpen, der auf dem Mittelplatz liegt, sich aber gerade auf die Beinchen von Hannah übergeben hat, die in ihrer Babyschale thront und begeistert mit den Händchen in der Hundekotze herumpatscht. Neben mir auf dem Fahrersitz: Benni-Papa, der mit starrem Blick durch trüben Dezembernieselregen unserem Möbelwagen hinterherfährt und dessen Gedanken ich mühelos lesen kann.

»Ja, ich weiß, es ist alles meine Schuld«, sage ich demütig. »Wir hätten den Hund erst anschaffen sollen, nachdem der Umzug vorbei ist. Wir hätten einem Fünfjährigen nicht die Namensgebung überlassen dürfen. Wir hätten uns keinen Hund anschaffen sollen, der unter Reiseübelkeit leidet.«

»Wir hätten uns einfach ÜBERHAUPT KEINEN Hund anschaffen sollen«, knurrt Benni-Papa. »Wir hätten es für den Anfang bei Meerschweinchen belassen sollen. Vielleicht können wir den Hund ja noch gegen ein Aquarium tauschen.«

»Ich will kein Aquarium«, schreit Ben von hinten. »Ich will Pupsi!«

»Keine Angst mein Schatz, der Papa macht nur Spaß, natürlich behalten wir Pupsi«, sage ich und überlege angestrengt, wie wir Pupsi durch einen Zweitnamen etwas mehr Würde geben könnten. Chico. Oder Rocco. Oder Kalle. Pupsi-Kalle. Pupsi-Rocco. Ach, was soll's …

»Nein, Hannah, nicht die Hand in den Mund«, rufe ich noch, aber da ist es schon zu spät. Hannah lutscht fröhlich an ihrem Händchen, das sie eben gerade noch in Hundeerbrochenem mariniert hat. Pupsi pupst und Ben nölt, wann wir denn jetzt endlich da sind.

Wir passieren das Ortsschild von Blumfeld, einem Dorf nur wenige Kilometer vor den Toren der Stadt, fahren durch den historischen Dorfkern, an geduckten Fachwerkhäuschen, dem Bürgercasino, dem Dorfplatz mit der Kirche und der Garage der Freiwilligen Feuerwehr vorbei. Kurz vor der Ortsausfahrt, zwischen Dorf und den unendlichen Weiten der nebelverhangenen Stoppelfelder, biegen erst der Möbelwagen und dann wir in unsere neue Straße ein: »Am Wendehammer«, eine Sackgasse mit großem Wendekreis am Ende, um den herum fünf Einfamilienhäuser stehen – willkommen im Blumfelder Neubaugebiet.

Der Möbelwagen dreht eine scharfe Kurve, und wir halten vor der Hausnummer vier, unserem neuen Zuhause. Einem schlichten, weiß verputzten, zweigeschossigen Haus mit schlumpfblauem Giebeldach. Links daneben eine gepflasterte Auffahrt, die in eine Garage mündet. Der Platz vor der Haustür – also das, was eines Tages so etwas wie ein Vorgarten werden könnte – ist an diesem

23. Dezember eine graubraune Matschwüste, über die zwei Holzplanken vom Gehweg zur Tür führen, um einigermaßen trockenen Fußes ins Haus zu kommen.

»Jedem Anfang wohnt ein Zauber inne«, sage ich leise und beschwörend zu mir selbst, als ich aus dem Auto steige.

Während die Möbelpacker damit beginnen, unsere Kisten auszuladen, stehen wir vier noch etwas ratlos im Wendekreis und blicken uns um – ich mit der bekotzen Hannah auf dem Arm, Ben mit Pupsi an der Leine, der gerade einen für einen Welpen seiner Größe sehr beachtlichen Haufen setzt, und Benni-Papa, der sich das Kinn reibt und nacheinander die Häuser in unserer Nachbarschaft betrachtet. »O Gott, wir müssen dringend aufrüsten«, sagt er schließlich. Und ich weiß, was er meint: Neben den anderen Hütten hier im Wendekreis sieht unser Häuschen aus wie ein fauler Eckzahn in einem ansonsten makellosen Gebiss. Vor allem heute, einen Tag vor Weihnachten. Wir sind einfach noch nicht dazu gekommen, uns mit standesgemäßer Weihnachtsvorgartenilluminierung zu beschäftigen. Zumal von Vorgarten ja auch noch keine Rede sein kann.

Aber der Reihe nach: Wäre der Wendekreis das Zifferblatt einer Uhr, dann läge ungefähr auf vier Uhr ein imposantes Holzhaus im Blockhüttenstil, aktuell über und über mit roten, weißen und grünen Glühbirnen behängt. Im Vorgarten ein Fahnenmast, an dem eine amerikanische, eine Deutsche und eine Piratenflagge schlaff im Dezemberwind hängen. Direkt darunter ein ebenfalls leuchtendes Rentiergespann, das einen Schlitten mit einem ekstatisch lachenden Santa Claus zieht. Über dem Garagentor ein Basketballkorb und in der Auffahrt das größte Auto, das ich je gesehen habe: ein roter Pick-Up-Truck mit Traktorreifen.

Links davon, also etwa auf zwei Uhr, steht die Antithese zu diesem amerikanischen Traum – ein kleines Schloss. Mit zwei Säulen vor der Eingangstür (jahreszeitlich passend mit je einer Lichterkette umwickelt), einer geschwungenen Treppe, die rechts und links von zwei steinernen Löwen bewacht wird, einer perfekt in Form rasierten Buchsbaumhecke und einem dezent angeleuchteten kleinen Springbrunnen, bestehend aus einem nackten Jüngling, der in eine überdimensionierte Muschelschale uriniert. Kein Auto in der Einfahrt, die Kutsche ist mit Sicherheit ordentlich und wie es sich gehört in der Garage geparkt, um den Gesamteindruck des Eigenheims nicht zu stören – aber ich tippe auf einen dieser aufgebockten SUVs oder vielleicht einen dunkelgrünen Kasten-Mercedes, in dessen Kofferraum das erlegte Reh vom letzten Jagdausflug Platz findet.

Auf 12 Uhr befindet sich, umrahmt von Bambusstauden, ein schlichter Flachdachbungalow – eine Insel in einem Meer aus geharktem Kies. Eingelassene Bodenstrahler markieren einen geschwungenen Steinweg zur Eingangstür, mitten im Kies sitzt ein goldener Buddha von der Größe eines Elefantenbabys mit einer Nikolausmütze auf dem Kopf. Am Rand des Gründstücks, dort wo der perfekt geharkte Kies auf den Bürgersteig trifft, steht ein Schild mit der Aufschrift »Koi-Connection. Zucht, Versand, Beratung«.

Daneben, auf zehn Uhr, steht unser neues Haus: unbeleuchtet, undekoriert, von Garten keine Spur und mit einem vom Regen schleimig glänzenden blauen Giebeldach.

Und neben uns, auf acht Uhr, da wohnt Pipi Langstrumpf. Jedenfalls vermutet Ben das, und ich beschließe, dass es an der Zeit ist, ihm die alten Pipi-Langstrumpf-Filme mal auf DVD zu zeigen, denn dieser rote, Haus gewordene Schwedentraum mit weißen Fensterrahmen, einer Veranda mit einer weißen Holzschaukel und leuchtenden kleinen Lampions, ist sicher NICHT die chaotische, wilde, abenteuerliche Villa Kunterbunt. Am Vordach über der Haustür baumelt ein großer Mistelzweig im Wind, neben der Haustür stehen dekorativ mit Winterheide bepflanze alte Gummistiefel und Zink-Gießkannen, die Fenster sind schwach erleuchtet vom Schein brennender Kerzenarrangements – ein Bild wie aus einem kuscheligen Werbespot für Winter-Wellnesstee. Wenn da ein Anarcho-Gör wie Pippi Langstrumpf wohnt, fress ich eine Tüte Tiefkühl-Köttbullar. Eher planen hinter diesen roten Holzpaneelen Agnetha, Benni, Björn und Anni-Frid das große ABBA-Comeback!

»Tag! König!«, sagt eine schneidende Stimme hinter mir, und als ich mich umdrehe, schüttelt mein Mann schon einer großen, blonden Frau im Pelz die Hand. »Ist das ihr Hund?«

»Das ist Pupsi«, sagt Ben und Frau König lächelt gequält.

»Wie schön, willkommen in der Nachbarschaft. Sie haben doch sicher vor, diesen Hundehaufen zu entfernen?«

»O ja, natürlich. Wir sind ja gerade erst angekommen und der ist ja noch sehr klein, der Hund, der hat noch nicht gelernt, das man nicht einfach auf die Straße macht«, stottere ich.

»Wird er denn mal groß, der Hund?«, fragt die blonde Frau prüfend.

»Er heißt Pupsi«, ruft Ben.

»Groß? Naja, es ist ein Labrador, also etwa kniehoch schätze ich.«

»So. Nun ja. Sie werden ja sicher auf eine entsprechende Einzäunung Ihres Grundstückes achten, wenn Sie mit den Gartenbauarbeiten beginnen«, sagt Frau König. »Fröhliche Weihnachten.«

Dann stakst sie zurück in Richtung ihres Hauses – dem Schloss auf zwei Uhr, wie ich schon vermutet hatte.

»Gartenbauarbeiten? Ich dachte, wir säen einfach Rasen«, sagt Benni-Papa. »Und von Zäunen war auch keine Rede.«

»Hallöchen! Ja, wer ist denn da?«, ruft es deutlich freundlicher von der Veranda des Schwedenhauses. »Lotti, Lisi, schaut mal schnell, ein Hundili!«

Eine junge Frau mit blonden Wuschelhaaren, roten Bäckchen und im roten Mantel kommt freudestrahlend auf uns zu, an jeder Hand ein etwa fünfjähriges Mädchen – ganz offenbar Zwillinge, beide mit blonden Zöpfen und ebenfalls in identischen roten Mänteln. Die Frau knutscht erst mich und dann meinen Mann mit lautem »Mua« je rechts und links auf die Backe und flötet: »Ich bin die Susi Liebmann. So schön, dass ihr endlich da seid! Willkommen hier bei uns. Meine beiden Kleinis freuen sich schon so auf neue Kinder in der Nachbarschaft.«

»Das Baby stinkt«, sagt das eine Rotmantelmädchen und zeigt auf Hannah.

»Ist das wahr?«, sagt Frau Liebmann mit gespieltem Erstaunen und schaut mit großen Kulleraugen auf das Kind auf meinem Arm. »Hast du kleines Mäuselchen ein Kacki gemacht? Ja? Bist du ein kleiner Stinki?«

»Die hat nicht gekackt. Das ist Kotze. Von Pupsi«, ruft Ben.

»Der Hund heißt Pupsi, nicht das Baby. Das Baby heißt Hannah«, sage ich.

»Puuuupsi«, jauchzt Frau Liebmann und klatscht in die Hände. Dann geht sie auf die Knie und lässt sich von unserem begeisterten Welpen ausgiebig beschnuppern und beschlabbern. »Ja, du bist ein Süßer, du kleines Hundili, ja fein, ja schau, ja hallo, hast du spitze Zähnchen? Ja? Machst du Schlecki-Schlecki mit meiner Hand, ja?«

Die beiden kleinen Rotmantelmädchen schauen ihrer Mutter mit gequälter Miene dabei zu, wie sie auf unseren Hund einquasselt, strecken Ben die Zunge raus und trollen sich in Richtung Schwedenhaus. Aus der Haustür tritt ein dunkelhaariger Mann in einer roten Kochschürze mit weißen Punkten auf die Veranda und ruft: »Schatzi, kommst du rein? Die Kürbis-Soufflés sind fertig, und du weißt ja, wie schnell die zerfallen!«

»Ich muss jetzt Happi-Happi machen«, sagt Frau Liebmann halb zu uns, halb zu unserem Hund. »Tschüssi! Und frohes Fest morgen!«

»Bitte lass uns schnell ins Haus gehen, bevor noch mehr Nachbarn auftauchen«, raunt mein Mann, als Frau Liebmann endlich in ihrer Kuschelhütte verschwunden ist. Und ja, jetzt bin auch ich ein bisschen nervös und frage mich, ob es nicht ein Fehler war, bei unseren diversen Hausbesichtigungsterminen nicht auch mal bei den Nachbarn zu klingeln.

»Die werden schon nicht alle gaga sein«, sage ich, und

dann balancieren wir zusammen über die Holzplanken in unser neues Zuhause und schauen den Möbelpackern noch eine Weile dabei zu, wie sie unsere Besitztümer durch die Tür wuchten.

Der Rest unseres Einzugstages am Wendehammer ist dann noch eine Abfolge von kleinen und mittleren Katastrophen, als da wären:

Pupsi beginnt sein neues Revier zu markieren und hebt an allen Umzugskisten im Wohnzimmer das Bein.

Ben verschwindet in seinem neuen Kinderzimmer und beschließt, alle Kisten gleichzeitig aufzumachen und den Inhalt zu einem großen Haufen aus Legos, Klamotten, Stiften, Plastikdinos, Playmobilrittern und Pixibüchern aufzuschichten.

Bei dem Versuch, die noch immer nach Hundekotze müffelnde Hannah in der neuen Badewanne zu baden, stelle ich fest, dass wir kein warmes Wasser haben. Die Heizung funktioniert auch nicht. Ein Gas-Wasser-Installateur, der dieses Problem schnell beheben könnte, ist am späten Nachmittag des 23. Dezember in etwa so einfach zu finden wie ein Burka-Verkäufer am FKK-Strand.

Mein Mann und ich sind uns nicht einig darüber, wessen Idee es eigentlich war, unbedingt Heiligabend im neuen Haus verbringen zu wollen, und streiten uns lang und ausgiebig.

Irgendwann beschließen wir, erst die Kinder ins Bett zu bringen, um dann mit einer Flasche Wein auf dem Sofa zusammenzubrechen und eventuell noch ein bisschen weiterzustreiten. Wir durchwühlen sämtliche Kisten mit Küchensachen, finden aber keinen Flaschenöffner. Daraufhin gehen wir einfach so ins Bett und fallen in einen tiefen, komatösen Schlaf, wie ihn nur Umzüge verursachen.

»Mama, da ist ein nackter Mann mit einer Axt.«

Ben steht im Star-Wars-Pyjama vor unserem Bett, trübes Dezembermorgenlicht scheint durch die Fenster und ich nuschle: »Du hast nur schlecht geträumt, Schatz!« in mein Kissen, in der Hoffnung, dass Ben die weiteren Details seines Axtmörder-Albtraums seinem Vater erzählen möge.

»Nein, ich hab nicht geträumt. Ich kann den sehen. Von meinem Fenster aus. Echt, Mama!«

Jetzt bin ich wach. Ich stürze in Bens Kinderzimmer, spähe aus dem Fenster und tatsächlich: Gegenüber, auf der anderen Seite des Wendehammers vor der Garage der Blockhütte steht ein nackter Mann mit einer Axt. Ein sehr gut gebauter nackter Mann mit einem Cowboyhut auf dem Kopf, nacktem Oberkörper und einer Jeans mit braunen Lederfransen um die Hüften. Steht da im kalten Weihnachtsnieselregen und hackt Holz.

»Wie poetisch«, sagt mein Mann, der sich mit Baby Hannah auf dem Arm zu uns ans Fenster gesellt hat. »Ein echter Vorstadt-Desperado. Ob der heute noch auf Büffeljagd geht?«

»Mach dich nur lustig. Du kannst heute gern auch deine Männlichkeit unter Beweis stellen und hier überall im Haus die Vorhänge aufhängen«, sage ich.

Doch bevor wir unseren Streit von gestern Abend weiterführen können, hören wir ein »Zing!«, und als ich den Kopf hebe, sehe ich in der linken oberen Ecke des Kinderzimmerfensters einen kleinen, kreisrunden Sprung. Wenn es nicht völlig abwegig wäre, würde ich sagen: Das ist ein Einschussloch.

»Das ist ein Einschussloch. Hier hat gerade jemand auf uns geschossen«, sagt Benni-Papa. Wir ziehen die Kinder vom Fenster weg, laufen die Treppe runter und ducken uns hinter eine Mauer aus Umzugskartons. Pupsi, der die Nacht offenbar damit verbracht hat, sein Revier mit weiteren Pfützen und einem beachtlichen Kackhaufen in der Mitte des Wohnzimmers zu markieren, springt aufgeregt um uns herum und leckt Baby Hannahs Füße ab.

»Okay, ganz ruhig, dafür gibt es bestimmt eine ganz simple Erklärung«, sagt Benni-Papa. Und ich überlege, wie ich in diesem vorstädtischen Kriegsgebiet heute noch erstens einen Handwerker finde, der uns das warme Wasser und die Heizung anstellt. Zweitens: Einen Weihnachtsbaum besorgen und einen Heiligabend organisieren kann, der die Kinder in seiner Tristesse nicht lebenslang traumatisiert. Und das alles unter Beschuss durch offenbar feindliche Nachbarn.

Es klingelt. Wir kriechen hinter unserer Kartonwand hervor und öffnen die Tür. Da stehen: der Cowboy, immer noch mit nacktem Oberkörper, aber ohne Axt. Eine Frau in Hotpants, Cowboystiefeln, einer weißen Felljacke und einer für diese Jahreszeit ungewöhnlich tiefen Gesichtsbräune. Und ein etwa sechzehnjähriger Junge in Shorts, Turnschuhen, einem gigantischen Kapuzenpulli und einem Baseballcap, der ziemlich bedröppelt aus der Wäsche schaut.

»Hallo, Nachbarn, ich bin Dany, das ist meine Frau Samy und das ist unser Sohn Jack. Jack möchte euch etwas sagen, stimmt's Jack?«

»'Tschuldigung«, nuschelt Jack.

»Tut uns voll leid«, sagt Samy, »er weiß ganz genau, dass er nicht mit dem Luftgewehr spielen darf. Er wollte die Krähen von eurem Dach scheuchen und hat dabei aus Versehen euer Fenster getroffen.«

»Echt, voll keine Absicht«, nuschelt Jack.

»Ihr seid sicher sauer, ist ja auch kein Empfang, wenn man gerade erst einzieht. Wir würden das gern wieder gut machen, wir zahlen die Scheibe natürlich und fänden es echt voll fair von euch, wenn ihr nicht gleich die Bullen ruft«, sagt Dany und rückt seinen Cowboyhut zurecht. »Habt ihr schon einen Tannenbaum?«

»Äh, nein«, sage ich verdutzt.

»Sehr gut, dann nehmt bitte unseren. Als kleine Entschädigung für den Schreck«, sagt Dany und zeigt auf unsere gepflasterte Garageneinfahrt. Dort liegt eine etwa zwei Meter fünfzig hohe Tanne. »Hab ich gestern erst im Wald geschlagen, ein Prachtstück.«

Ben schaut voller Bewunderung auf Jack und ruft: »Cool, du hast ein echtes Gewehr? Kann ich das mal angucken?«

»Nein, Ben, kannst du nicht«, rufe ich schrill.

»Ganz schön kalt hier bei euch«, sagt Dany und lugt in unseren Hausflur. »Geht eure Heizung nicht oder was? Soll ich mir das mal anschauen?«

Und da werde ich schwach. Denn mal abgesehen davon, dass mir völlig unklar ist, wie jemand, der im Winter halbnackt Holz hackt und seine Kinder Shorts tragen lässt, überhaupt wahrnehmen kann, dass es in unserem Haus kalt ist, bin ich doch durchflutet von Dankbarkeit, dass sich jemand um dieses Problem kümmern will. Und mir noch den Tannenbaumeinkauf erspart. Dafür bin ich sogar bereit, die Sache mit dem Luftgewehr zu vergessen.

»Okay«, sagt mein Mann. »Deal! Aber wenn ich euren kleinen Scheißer hier noch einmal mit einem Gewehr hantieren sehe, rufe ich die Polizei.«

»Geht klar, Mann. Ehrensache«, sagt Dany. »Ich hole nur schnell mein Werkzeug und dann mach ich eure Hütte wieder warm, okay?«

Und so kommt es, dass innerhalb von einer halben Stunde warmes Wasser aus der Leitung kommt, unsere Heizkörper warm werden und ich wieder ganz versöhnt bin mit unserem Umzug und der Aussicht auf ein schönes Weihnachtsfest. Ich kann sogar darüber lachen, dass irgendjemand einen weißen Ring aus Kreide um Pupsis Hundehaufen gezogen hat, den er gestern auf der Straße hinterlassen und den ich noch nicht weggeräumt hatte. Und dass an der Windschutzscheibe unseres Passats ein Zettel steckt mit den Worten: »Bitte parken Sie auf Ihrem Grundstück. Dies ist ein Wendehammer und kein Parkplatz.«

Wir feiern einen fröhlichen Heiligabend. Pupsi war so nett, die Kiste mit den von mir bereits eingepackten Geschenken bei seiner Reviermarkierung zu verschonen. Die Zweieinhalb-Meter-Tanne von Blockhaus-Dany haben wir in Ermangelung eines Christbaumständers einfach in einer Ecke unseres Wohnzimmers an die Wand gelehnt (zum Aufstellen wäre sie ohnehin zu groß gewesen) und mit einer Lichterkette und etwas Lametta beworfen. Es gibt Würstchen und Kartoffelsalat, wir sitzen auf den noch nicht ausgepackten Umzugskartons und schauen beglückt auf unsere Kinder: Ben schießt mit den Kanonen seines neuen Playmo-Piratenschiffs auf Pupsi, Pupsi kämpft einen klassischen Hundewelpenkampf mit dem riesigen Haufen Geschenkpapier, und Hannah sitzt fröhlich glucksend und sabbernd in der Mitte und haut sich ihre neue Rassel an den Kopf. Ich bin glücklich! Und wenn Benni-Papa jetzt noch ein paar Vorhänge aufhängen würde, damit unsere neuen Nachbarn verschont blieben vom Anblick unserer Chaosfamilie – dann wäre wirklich alles perfekt.

Am nächsten Morgen werden wir nicht von Gewehrschüssen oder ähnlich Gruseligem geweckt, sondern starten den ersten Weihnachtstag mit einem Schlafanzugfrühstück. Wir schließen die Stereoanlage an, hören schnulzige amerikanische Weihnachtsmusik und packen weiter Kisten aus, während Kinder und Hund fröhlich durchs Haus toben. Ah, so viel Platz, denke ich! Bin ich froh, dass wir diesen Weihnachtsmorgen nicht in unserer zugeräumten, viel zu kleinen Dreizimmerwohnung in der Stadt verbringen. Nach einer halben Stunde Musik und Kindergetobe hätte unsere Nachbarin von unten mit dem Schrubber gegen die Decke geklopft. Hausmeister Krause hätte uns mal wieder einen Vortrag über die Hausordnung und die Einhaltung von Feiertagsruhezeiten gehalten. Und Pupsi hätten wir nicht einfach zum Kacken vor die Terrassentür setzen können. Herrlich, das Leben auf dem Land und in den eigenen vier Wänden!

Es klingelt. Ich öffne – immer noch im Schlafanzug – die Tür und bin erleichtert, dass der Besuch offenbar auch noch keine Zeit hatte sich richtig anzuziehen.

»Hallo, ich bin die Kerstin von nebenan. Wollte mich nur eben vorstellen und bei euch ein bisschen räuchern.«

»Ja, äh, hallo, komm doch rein.«

Kerstin legt den Mantel ab und jetzt sehe ich, dass sie darunter nicht etwa einen Morgenmantel trägt, sondern einen Kimono. Ihre braunen Haare hat sie mit einem Chinastäbchen zu einem Dutt hochgesteckt, es ist also nicht schwer, sie als Bewohnerin des asiatisch anmutenden, bambusumwachsenen Bungalows neben uns zu identifizieren.

»Möchtest du was trinken?«

»Ja, gern einen Tee, bevor ich mit dem Räuchern anfange.«

Räuchern? Wovon spricht die Frau? Egal, ich bitte Nachbarin Kerstin in unsere Küche, schicke Benni-Papa unter die Dusche (reicht ja, wenn einer von uns im Schlafanzug die neuen Nachbarn erschreckt) und setze Teewasser auf.

Kerstin ist, wie sie mir dann erzählt, freischaffende Feng-Shui-Beraterin und hat seit unserem Einzug vor zwei Tagen unser Haus beobachtet. Und natürlich uns beobachtet (wir brauchen DRINGEND Vorhänge), und da sei ihr bewusst geworden, wie viel negatives Chi in unserem neuen Zuhause fließt. Das läge sicher auch an der Geschichte der Vorbesitzer – der Seitensprung, der schreckliche Ehekrach, die überstürzte Scheidung –, und möglicherweise auch an dem blauen Dach. Spitzgiebeldächer neigten ohnehin dazu, die energetische Balance im Haus zu stören, und Blau sei eine schwierige Dachfarbe, vor allem durch die Südlage, denn das Element des Südens sei ja bekanntlich Feuer und damit hätten wir mit einem roten Dach einen deutlich besseren Energiefluss.

Ich verstehe kein Wort, nicke aber andächtig und versuche, mit Hannah auf dem Arm zwei Teetassen und eine Kanne Earl Grey in Richtung Tisch zu balancieren.

Kerstin erzählt noch von ihrem Mann Karsten, der eine Koi-Zucht und einen Koi-Zubehör-Versandhandel betreibt, wobei sie ihm natürlich zur Hand geht, aber jetzt im Winter ruhen die Kois, es ist nicht so viel zu tun und sie kann sich mehr um ihre zahlreichen Feng-Shui-Kunden kümmern.

»Was ist ein Koi?«, fragt Ben, der sich zu uns an den Tisch gesetzt hat, um die Reste seines Schokomüslis zu essen.

»Koi sind Goldfische, Schatz. Sehr große Goldfische mit schönen Flecken. Du darfst sie dir bestimmt mal ansehen bei Kerstin«, sage ich.

»Sie sind sehr lärmempfindlich«, sagt Kerstin in meine Richtung, und ich denke mal, das soll bedeuten: Nein, kann er nicht!

»Kann ich welche angeln? Kann man die essen?«, fragt Ben.

»Ich sollte jetzt wirklich mit dem Räuchern anfangen«, ruft Kerstin, greift nach der großen Tonschale, die sie mitgebracht und die ich nicht weiter beachtet hatte. »Habt ihr einen Wunsch, was das Rauchwerk betrifft? Ich empfehle euch was mit Weihrauch, das passt ja auch schön zu Weihnachten.«

»Halt. Stopp. Moment mal«, rufe ich. »Was genau meinst du mit Räuchern?«

»Na, mein Einzugsgeschenk«, sagt Kerstin und lächelt milde. »Ich räuchere eure Räume, um das Chi in eurem neuen Zuhause wieder in Einklang zu bringen. Hier war so viel dicke Luft, so viel Streit, so viele Sorgen. Das muss alles raus.«

»Wir haben gut gelüftet, ich glaube, das reicht mir.«

»Lüften allein nutzt nicht, auch auf feinstofflicher Ebene ist dieses Haus beschmutzt. Ihr wollt hier doch einen Neubeginn wagen? Lasst mich euer Haus reinigen und energetisieren. Ich verspreche dir, es funktioniert.«

»Okay, wirklich nett von dir. Ehrlich, ich weiß das zu schätzen. Aber bitte nicht heute. Ich bin gerade nicht in Stimmung für Räucherstäbchen.«

»Räucherstäbchen?« Benni-Papa betritt frisch geduscht die Küche und strubbelt sich mit einem Handtuch durchs nasse Haar. »In meinem Haus? Nur über meine Leiche!«

Ich komplimentiere die leicht vergnazte Kerstin samt Räucherschale wieder nach draußen, verspreche, dass wir das mit den Räucherstäbchen nachholen, lade sie gleich nächste Woche noch mal auf einen Tee ein und halte dann meinem Mann einen Vortrag über Umgangsformen.

»Das sind unsere neuen Nachbarn. Die Menschen, mit denen ich meine Tage verbringen werde, während du in deinem Innenstadtbüro verschwindest. Also beleidige sie nicht gleich am allerersten Tag.«

»Nein, sorry, das siehst du falsch!«, sagt mein Mann. »Man muss Grenzen setzen, und zwar gleich von Anfang an. Gibt hier ja nicht ohne Grund hohe Hecken und jede Menge Zäune. Räucherstäbchen – ich glaub es hackt!«

Es klingelt.

»Ich gehe!«, sagt mein Mann, wild entschlossen, weitere Nachbarn gnadenlos abzuwimmeln.

»Tach, Hansen«, sagt ein älterer Mann im Blaumann und mit Schiebermütze vor unserer Haustür. »Wollte nur mal Tach sagen.«

»Ja. Tach«, sagt mein Mann und macht keine Anstalten, den Gast hereinzubitten.

»War ja mal mein Land, auf dem Sie hier jetzt wohnen«, sagt Hansen. »Hab hier jahrelang Steckrüben angebaut. Jetzt ist alles Bauland für euch Städter.«

Hansen reicht eine schwere Plastiktüte durch die Tür. »Hier, für heute Abend. Hab zuviel geschlachtet, jetzt ist noch einer übrig. Frohes Fest!«

Hansen tippt sich an die Mütze, dreht sich um und schlurft wieder in den Nieselregen.

»Was ist da drin, Papa?«, ruft Ben, reißt an der Plastiktüte und schon kullert ein fleischiger Klumpen auf unseren Küchenboden. Bens Augen weiten sich vor Schreck. »Iiih, Mama, das ist eklig!«

Tja, was soll ich sagen? Da liegt ein toter Truthahn, dem Bauer Hansen zwar das Gefieder, aber noch nicht den Kopf, die Füße und die Innereien entfernt hat. Er sieht also noch sehr eindeutig nach Tier aus und nicht wie die küchenfertigen Brathähnchen, die Ben aus dem Supermarktregal kennt. Das also könnte unser Weihnachtsbraten werden. Wenn sich mir nicht schon beim Gedanken an die Zubereitung der Magen umdrehen würde. Vielleicht bin ich ja doch nicht für's Landleben geschaffen?

»Was ist eigentlich aus der guten alten Sitte geworden, neuen Nachbarn Brot und Salz zum Einzug zu schenken?«, grummelt mein Mann. Geht in die Garage, holt einen Spaten und vergräbt den Truthahn zu Pupsis großer Freude im Garten hinter unserem Haus.

Schnee, der auf Buchsbaumhecken fällt

Wer wann, wie und vor allem womit den Winter besiegt

Es gibt ein Geräusch, das mir bislang nur die wohligsten Kindheitserinnerungen bescherte: das Kratzen der Schneeschaufel auf Asphalt. Wenn ich in meinem Kinderzimmer noch eingekuschelt in meine Frottee-Bettwäsche im Kinderbett lag und unter meinem Fenster mein Vater pflichtbewusst den Bürgersteig von Schnee und Eis befreite, dann wusste ich erstens: Es ist noch verdammt früh, ich muss noch nicht aufstehen, denn Papa kommt seiner Bürgerpflicht gern schon um sechs Uhr morgens nach. Zweitens: Es liegt verdammt viel Schnee, und vielleicht kommt der Schulbus gar nicht. Das hieße: schulfrei und Schlittenfahren!

Jetzt höre ich es wieder, das Geräusch, und ganz kurz fühle ich mich wieder wie damals mit acht Jahren. Bis mir im Halbschlaf klar wird, dass dieses Geräusch ab sofort etwas ganz anderes bedeutet. Erstens: Ich bin verdammt spät dran. Da draußen wird schon Schnee geschaufelt, und ich liege noch im Bett. Und zweitens: Es liegt verdammt viel Schnee! Und ich als frischgebackene Hausbesitzerin muss meinen Hintern aus dem warmen Bett bewegen und den Naturgewalten trotzen, sonst bekomme ich Ärger mit den Nachbarn.

»Diese miesen Verräter«, stöhnt Benni-Papa neben mir,

nachdem er kurz den verkaterten Kopf gehoben und auf den Radiowecker geschaut hat. 6 Uhr 45 steht da. Und zwar am Neujahrsmorgen. Das ist komplett gegen die Abmachung, die wir gemeinsam mit unseren Nachbarn gestern noch getroffen hatten, als wir um Mitternacht alle zusammen in der Mitte des Wendehammers auf das neue Jahr angestoßen haben. Blockhaus-Danny, Blockhaus-Samy und der hormonell mächtig aufgepeitschte Jack hatten ein ohrenbetäubendes Chinaböller-Massaker abgefackelt. Susi Liebmann hatte an ihrem Mann herumgebusselt und ihm mit ihren Wunderkerzen Herzchen in die Luft gemalt, während sie ihre beiden Zwillingsmädchen daran erinnerte, »sich gut die Öhrlis zuzuhalten, wenn der Jack so laut Bummbumm macht«. Herr und Frau König – sie wieder im Pelz, er im Lodenmantel, beide bewaffnet mit Sektflöte und einer Flasche »Fräschenett« – hatten ihre beiden Königskinder streng ermahnt, mit ihren Funkenfontänen nicht zu nah an die Buchsbaumhecken zu kommen. Die neunjährige Charlotte und der sechsjährige Jonathan, die offensichtlich nur das kindertaugliche Supermarktset mit Knallerbsen und ein paar lahmen Funkensprühern bekommen hatten, schauten neidvoll auf Jack, der nicht nur ganz allein mit dem Feuerzeug, sondern auch mit einer garantiert nicht TÜV-geprüften Sprengladung hantieren durfte.

Ben sprang aufgekratzt um seinen großen neuen Helden herum, schrie »Jaa! Jaaaa! Geil!!! Nochmal!!!« nach jedem lauten Rumms, während Benni-Papa das Babyfon ans Ohr hielt, durch das man aber nur Pupsis verzweifeltes Kläffen hörte – Hannah sollte in dieser lauten Silvesternacht zum ersten Mal in ihrem Leben durchschlafen.

Es muss etwa halb eins gewesen sein, als Koi-Karsten, der Mann von Koi-Kerstin, endlich aus seiner Zen-gleichen Duldungsstarre erwachte, sein stilles Wasser in einem Zug hinunterschluckte, beherzt auf den immer noch wie von Sinnen böllernden Jack zulief und ihn bat, jetzt doch bitte, bitte endlich aufzuhören mit dem Krach. »Er macht sich immer solche Sorgen um die Fische, die sind ja unglaublich lärmempfindlich«, raunte mir Koi-Kerstin zu.

Und als dann endlich Stille einkehrte im Wendehammerrund, sahen wir alle Bauer Hansen durch den langsam abziehenden Böllerdunst auf uns zumarschieren. Bauer Hansen, der längst kein Bauer mehr war, sondern durch die Umwandlung seiner Rübenäcker in lukratives Bauland ein kleines, sattes Vermögen gemacht hatte, wohnt direkt in der Einfahrt zum Wendehammer in seinem ockerfarben verputzen Häuschen und dient uns Neubewohnern als direkter Verbindungsmann zur Blumfelder Urbevölkerung und deren Sitten und Gebräuchen.

»Tach. Frohes Neues!«, sagte er und tippte sich an die Schiebermütze. »Wollte nur schnell Bescheid geben: Heute Nacht kommt Schnee. Sie sind ja alle vertraut mit der Räum- und Streuordnung: Werktags ab sieben, feiertags ab neun Uhr muss hier alles schneefrei sein.«

Da hatten wir uns alle angesehen und mit Blick auf den Kater des nächsten Morgens vereinbart, nicht vor halb zehn auch nur daran zu denken, das Haus zu verlassen. Und wenn in unserem Wendehammer einfach keiner das Haus verlässt, kann sich auch keiner auf schnee- und eisglatten Gehwegen die Haxen brechen, folglich muss auch vorher nicht geräumt werden.

Tja, aber nicht alle haben sich daran gehalten. Wir haben einen Verräter in unseren Reihen! Ich spähe aus dem Fenster in einen dick verschneiten Wendehammer und sehe Herrn Liebmann im Lammfellmantel und mit einer roten Bommelmütze auf dem Kopf den Bürgersteig vor seiner Schwedenhütte und die Einfahrt zu seiner Garage freischaufeln. Wahrscheinlich, weil er gleich seinen Pferdeschlitten startklar machen und mit seiner Familie zum Neujahrsbrunch nach Lönneberga oder Bullerbü aufbrechen will. Vielleicht braucht er aber auch nur ein paar Minuten Ruhe von seiner durchgeknallten Frau und seinen apathische Zwillingen. Oder er ist ein chronischer Frühaufsteher. Ein Mann, der frühe sportliche Betätigung an frischer Winterluft schätzt.

Oder er ist eine ganz gerissene Drecksau.

Denn je länger ich Herrn Liebmann beim Schneeschippen zusehe, um so mehr dämmert mir, was hier läuft. Der Mann schiebt nämlich den ganzen Schnee einfach zu uns. Und jetzt türmt sich vor unserer Garagenauffahrt ein kleiner, weißer Berg.

Durchs Babyfon höre ich die ausgeschlafene Hannah brabbeln, das neue Jahr hat also hiermit offiziell begonnen. »Du kümmerst dich um die Kinder, ich kümmere mich um den Schnee«, sage ich zu meinem Mann, werfe mich in mein winterfestes Daunenoutfit, stapfe in die Garage und schnappe mir die Schneeschaufel, die unser Vorbesitzer dort dankenswerterweise stehen gelassen hat.

Liebmann ist schon verschwunden, als ich vor die Tür trete. Grimmig betrachte ich seine sauber geräumte Einfahrt und den Schneeberg vor unserer, streife meine Handschuhe über und mache mich ans Schaufeln.

Eine halbe Stunde lang schiebe, schwitze und fluche ich, bis Einfahrt und Gehweg ordnungsgemäß geräumt sind. Und als ich mich schwer atmend auf meine Schneeschaufel stütze, um mein Werk zu bewundern, fällt mir auf, dass ich unseren Nachbarn, den Koi-Züchtern, einen Teil des Schnees einfach auf ihre Seite des Gehsteigs geschippt habe. Völlig unabsichtlich natürlich. Leider hab ich jetzt keine Zeit, um mich darum zu kümmern, die Familie wartet auf ein Neujahrsfrühstück, also schnell wieder zurück ins Haus.

Bald sitzen wir um den gedeckten Frühstückstisch. Hannah patscht mit den Händen in ihrem Rührei herum, Pupsi sitzt erwartungsvoll unterm Babystuhl und schlabbert alles auf, was auf den Boden fällt, wir Erwachsenen wärmen uns die Finger an unseren Kaffeebechern und ein nöliger und völlig unausgeschlafener Ben rutscht aufgeregt auf seinem Stuhl herum, weil er natürlich unbedingt ganz, ganz schnell nach draußen will. In den Schnee.

»Warte noch ein bisschen, Schatz. Bitte. Wir können noch nicht raus«, sage ich.

»Warum, Mama? Menno, ich will aber! Jetzt!«

Ja, warum? Weil ich auch durch das geschlossene Küchenfenster hören kann, wie Koi-Karsten vor sich hin schimpft, während er den Gehweg vor seinem Haus freischippt. Scheint ihm nicht entgangen zu sein, dass ich – wirklich ganz aus Versehen, ehrlich! – eine ganze Menge Schnee bei ihm abgeladen habe. Ich schäme mich ein bisschen, aber andererseits hat Liebmann ja angefangen. Und als Neubewohnerin hoffe ich, noch ein bisschen Welpenschutz zu haben.

Jetzt hätte Koi-Karsten mir den Schnee natürlich einfach wieder zurückschieben können, aber ganz offensichtlich hat der Mensch weniger Skrupel, Schnee auf eine noch nicht geräumte Fläche zu kippen, als eine bereits geräumte Einfahrt wieder zuzuschütten. Und deshalb sorgt Koi-Karsten dafür, dass sich der liebmännsche Schnee, unser Schnee sowie sein Schnee wenig später vor dem Portal zum Königs-Schloss türmt.

Ben und Pupsi sind derweil mit Benni-Papa im Garten hinter unserem Haus verschwunden und tollen herum, ich stehe mit Hannah auf dem Arm am Küchenfenster und verfolge das Drama: Koi-Karsten steht inzwischen mit seiner Schaufel im Anschlag vor einer sichtlich aufgebrachten und wild gestikulierenden Frau König. Ich höre »Unverschämt!« und »Wagen Sie es nie wieder ...« und »Jedes Jahr das gleiche ...«, da dreht sich Koi-Karsten einfach um, lässt die zeternde Frau König vor ihrem Schneehaufen stehen und verzieht sich schweigend in seinen Flachdachbungalow. Frau König stapft immer noch zeternd ins Haus, und wenig später schlurfen Charlotte und Jonathan in silbern glänzenden Schneeanzügen und mit je einer Kinderschneeschaufel (ja, so etwas gibt es!) in der Hand die Ausfahrt runter.

Kinderarbeit, eine gute Idee!, denke ich. Ich brauche unbedingt auch so eine Kinderschaufel für Ben. Der ist ja ohnehin immer viel zu früh wach und wird begeistert sein, sofort raus in den Schnee zu dürfen. Und bis er merkt, dass Schneeschaufeln auch nicht wirklich mehr Spaß macht als Zimmeraufräumen, ist meine Einfahrt vielleicht ja schon von Schnee und Eis befreit.

Jonathan und Charlotte jedenfalls schieben alles vom Königsschloss ungerührt in Richtung Blockhaus. Und so liegt jetzt der gesamte Schnee des Wendehammers vor dem Fahnenmast mit dem Sternenbanner. Aber nicht sehr lang. Denn als ich mich gerade umdrehe, um mir einen zweiten Kaffee zu machen, höre ich ein Geräusch, das wie ein getunter Rasenmähermotor klingt. Ich stürze zurück zum Fenster, und tatsächlich: Aus der Garage des Blockhauses tritt Blockhaus-Dany in Daunenjacke und Fellmütze mit einer Maschine, die an einen Rasenmäher erinnert, vorne jedoch mit einem Metallteil in Form einer Baggerschaufel ausgestattet ist.

»Was ist das?«, frage ich meinen Mann, der gerade dabei ist, Ben wieder aus seinem Daunenoverall zu pulen und Pupsi mit einem alten Handtuch trocken zu rubbeln.

»Eine Schneefräse«, erklärt mein Mann. »Eine ziemlich laute Schneefräse.«

»Sowas will ich auch!«, ruft Ben.

»Ich auch«, sage ich, als ich sehe, mit welcher Leichtigkeit Blockhaus-Danny die Maschine vor sich herschiebt, eine Metallspirale vor der Schaufel den Schnee ins Innere der Maschine fegt und durch ein Rohr an der Seite alles in hohem Bogen in den Vorgarten des Königsschlosses schießt.

Als Blockhaus-Dany mit Fräsen fertig ist, ist der Brunnen mit dem nackten Jüngling im Vorgarten der Königs unter einem großen, schmutzigweißen Haufen verschwunden und selbstverständlich schießen sofort Herr und Frau König vor die Tür, um sich zu beschweren.

Ich kippe das Fenster, denn das will ich hören.

»Eine unfassbare Unverschämtheit!«, zetert Frau König.

»Ach kommen Sie, das war doch alles Ihr Schnee. Ihre

53

Kinder haben mir den einfach vors Haus gekippt, ich habe ihn nur zurückgebracht«, sagt Blockhaus-Dany. »Und überhaupt: Bin ich hier der Einzige, der sich an unsere Abmachung von gestern Nacht hält? Es ist gerade mal Viertel nach neun.«

»Unglaublich, wie Sie hier die Luft verpesten mit diesem Ding. Und dieser unerträgliche Krach«, ruft Herr König. Und Blockhaus-Dany erwidert, dass die Herrschaften sich mal nicht zu weit aus dem Fenster lehnen sollten, schließlich wüsste die ganze Nachbarschaft noch vom letzten Jahr, dass Familie König heimlich Salz streut, obwohl das verboten und eine noch viel größere Umweltsauerei ist als das bisschen Fräsenabgas.

Was Frau und Herr König darauf erwidern, kann ich leider nicht hören, denn da biegt gerade der Schneepflug in den Wendehammer ein. Die Gehwege und Einfahrten sind ja nun frei, aber die Straße muss schließlich auch geräumt werden und das übernimmt dankenswerterweise der örtliche Räumdienst.

Und wie er das macht! Nimmt unsere Wendehammerkurve einmal schön gegen den Uhrzeigersinn und schiebt einen hübschen kleinen Wall aus Schnee zurück auf den Bürgersteig, vor das Blockhaus, das Königsschloss, den Koi-Tempel, unser Schlumpfhaus mit dem blauen Dach und vor die Schwedenhütte.

Und so haben wir alle gleich am ersten Tag des neuen Jahres was gelernt: Früh aufstehen zum Schneeschippen lohnt sich. Nur noch früher als der Schneepflug sollte man niemals sein.

Liebe, Sex und Caro-Milchkaffee

Mein Ausflug in die Krabbelgruppe

Ich muss unter Leute. Sechs Wochen nach unserem Aufbruch ins Vorstadtexil verspüre ich eine kurze, heftige Aufwallung von Reuegefühlen in mir. Der Umzug ist geschafft, Ben geht inzwischen in den Dorfkindergarten, Benni-Papa fährt jeden Morgen in die Stadt in sein Büro und ich verbringe meinen Tag damit, Hannah vom Hundenapf und Pupsi vom Windeleimer wegzuzerren. Zweimal am Tag schnappe ich mir den Kinderwagen und die Hundeleine und drehe eine Runde um die Stoppelfelder und durch das scheinbar menschenleere Blumfeld. Keine Seele weit und breit zu sehen, und nur am Zucken der Gardinen, wenn Pupsi gerade an irgendeinem Stromkasten oder einem Vorgartenmäuerchen das Bein hebt, erkenne ich, dass hier überhaupt jemand wohnt. Kurzum: Ich bin ein bisschen einsam.

In den letzten zwei Wochen habe ich ausgelotet, welche von den anderen Frauen im Wendekreis zur Mütterkomplizin taugen könnte, aber leider war die Ausbeute nicht so, wie ich mir das vor dem Umzug erhofft hatte. Koi-Kerstin kam tatsächlich zum Räuchern vorbei, lief mit ihrer Räucherschale von Zimmer zu Zimmer und brach beim anschließenden Tee in meiner Küche in Tränen aus, weil ich ein Baby habe und sie nicht und wohl auch niemals haben wird, weil ihr Mann sein Leben den teuren Zierkarpfen gewidmet hat und findet, wo Kois sind, können keine Kinder sein (»Sind ja so lärmempfindlich, die Fische!«).

Auch Susi Liebmann kam einmal vorbei, allerdings mit ihren beiden »Kleinis« im Schlepptau, die nämlich nicht so gern in den Kindergarten gehen und auch nicht gehen müssen, weil Frau Liebmann ja eh zu Hause ist. Da bastelt sie dann viel und gern mit den Mädchen, und wenn mein »Kleini« auch mal Lust hat, dann ist er natürlich immer herzlich eingeladen.

Lotte und Lisa reagieren nicht gerade freudig auf die Ankündigung, dass »der kleine Benni vielleicht bald mal zu Besuch kommt, wenn er mal nicht so furchtbar lang in den Kindergarten gehen muss, das arme Hasi«. Stattdessen haben sie sich in Bens Kinderzimmer zurückgezogen und seine gigantische Legoburg in ihre Einzelteile zerlegt. Was ich nicht gemerkt habe, weil ich unten in der Küche einem Vortrag über die anstehende Osterdekoration und Frau Liebmanns gescheiterten Plan, einen Waldkindergarten zu eröffnen, lauschen musste. Ben hat dann nach seiner Rückkehr aus dem Kindergarten einen epischen Wut- und Schreianfall bekommen und geschworen, dass er nie, nie, nie irgendwas mit den blöden Kacka-Mädchen von nebenan zu tun haben will – und ich kann es ihm nicht verdenken.

Frau König hat nonverbal gleich klar gemacht, dass sie mit Blaudach-Hippies wie uns nichts zu tun haben will, auch wenn Ben und ihre beiden Kinder ein freundliches und verstohlenes Interesse aneinander zeigen, was aber bislang über scheues Grüßen hinter den Rückbankfenstern des königlichen Familien-SUVs nicht hinausgeht.

Und Blockhaus-Samy, die eigentlich Samantha heißt und bei jedem Wetter in ultraknappen Klamotten vor die Tür tritt, ist möglicherweise ein bisschen beleidigt, weil ich ihren Sohn Jack, den jungen Mann mit dem Hang zu Waffen und Explosivem aller Art, nicht als Babysitter in Betracht ziehen wollte, obwohl der doch so gut mit kleinen Kindern kann und dringend einen Schülerjob braucht.

Kurzum: Ich brauche ein paar Babymütter. Nicht als neue beste Freundinnen, aber doch, um ab und zu über Babykram zu quatschen und um nicht immer allein den Kinderwagen durch den Nieselregen zu schieben. Irgendwo müssen sie doch sein, all die anderen durchschnittlichen Vorstadtfrauen mit durchschnittlichen Jobs, durchschnittlichen Erziehungsprinzipien, durchschnittlichen Ehen und durchschnittlichen Eigenheimen. Ich kann doch nicht die einzige sein, die vor all den fanatischen Großstadt-Supermuttis in den Speckgürtel geflohen ist, um endlich ohne schlechtes Gewissen zu verspießern!

Dann endlich entdecke ich auf einer meiner Gassi-Runden mit Pupsi und Hannah vor der Garage der Freiwilligen Feuerwehr einen Glaskasten mit Gemeindemitteilungen. Und dort hängt eine Einladung an alle Mütter (und Väter, haha) von Blumfeld, mit ihren Babys an der wöchentlichen Krabbelgruppe im Bürgercasino teilzunehmen.

»Krabbelgruppe« – das klingt gut! Endlich mal kein Pekip, kein Pickler, keine Babymassage, sondern eine ganz normale Quatschrunde, bei der die Mütter in Ruhe Kaffee trinken und ihre Babys mit einem Haufen Spielzeug sich selbst überlassen – ganz ohne pädagogisches Programm und hoffentlich ohne das Absingen von »Ich bin ein kleines Eselchen …« und »Aramsamsam«. Und »Bürgercasino« klingt, als gäbe es dort noch eine schöne alte Filterkaffeemaschine und nicht ausschließlich Yogitee oder mit energetisierenden Edelsteinen versetztes Wasser.

Am nächsten Dienstag erscheine ich also um 10 Uhr mit Hannah im Bürgercasino, eine Art Gemeindesaal mit einer Garderobe und einer Theke, den die Bürger von Blumfeld für Hochzeiten, Geburtstagsfeiern, Vereinstreffen oder eben Krabbelgruppen nutzen können. Befriedigt höre ich das Schmatzen und Gurgeln einer Kaffeemaschine, als ich den Saal betrete, wo schon einige Mütter und ein Vater in einem Stuhlkreis (juhu, echte Stühle, keine Kissen!) um eine große, aus roten Gummimatten gebildete Spielfläche sitzen. Darauf acht Babys, die robbend, krabbelnd oder einfach auf dem Rücken liegend abgeschrabbeltes Plastikspielzeug untersuchen.

Ich setze Hannah auf die rote Gummimatte, lege ihr ein buntes Kinderhandy mit vielen verheißungsvollen Knöpfen in den Schoß nehme mir einen Kaffee und lausche den Willkommensworten von Karin, Mitglied des Gemeinderats und Initiatorin der Krabbelgruppe. Eine schöne Gelegenheit sei das, miteinander ins Gespräch und in Kontakt zu kommen, sagt Karin. Gerade für die Alteingesessenen und die Zugezogenen, denn Blumfeld sei – auch dank der neu ausgewiesenen Neubaugebiete – eine wachsende Gemeinde und da sei dies doch der perfekte Ort, um neue Freundschaften zu schließen. Und jetzt bitte eine kurze Vorstellungsrunde, bevor wir für die Kinder das Begrüßungslied »Hallihallo, schön, dass du da bist« singen.

Nach der Vorstellungsrunde lässt sich die Besetzung unserer Krabbelgruppe grob in drei Lager unterteilen: die Ureinwohner, die Siedler und die Individualisten. Die Ureinwohner sind eine Gruppe von drei Frauen, die schon immer in Blumfeld gewohnt und nun auf den Grundstücken ihrer Eltern neue Häuser gebaut beziehungsweise die Häuser der rechtzeitig verstorbenen Großeltern umgebaut haben. Nette, patente Frauen mit praktischen Haarschnitten, alle mit einer Tasse Filterkaffee in der Hand.

Drei weitere Frauen kommen aus der »Siedlung«, einem Neubaugebiet in der Nähe unseres Wendehammers, das von einer Immobilienfirma mit State-of-the-Art-Reihenhäusern bebaut wurde. Zwei von ihnen haben sich einen Früchteteebeutel in lauwarmes Thermoskannenwasser gehängt, da sie selbstverständlich noch stillen und deshalb keinen Kaffe trinken, es aber begrüßen würden, wenn man hier einen guten Caro-Milchkaffee bekommen könne. Siedlerin Nummer Drei trinkt gar nichts, nuschelt nur schnell ihren Namen und starrt dann weiter mit leeren Augen auf ihr fröhlich spielendes Kind.

»Postpartale Depression, wetten?« flüstert Siedlerin Nummer eins direkt neben mir in mein Ohr.

Die dritte Gruppe – die Individualisten –, das sind der junge Vater und ich. Wobei sich mein Individualistentum auf die Tatsache beschränkt, dass ich nicht in einem Reihenhaus wohne. Der junge Mann dagegen hat vor kurzem mit seiner Frau einen alten Bauernhof am Dorfrand gekauft, den er jetzt renoviert und ausbaut. Da will er dann Biogemüse anbauen und auch eine Begegnungsstätte für alternative Lebensformen errichten, denn er und seine Frau leben polyamor.

»Poli-was?«, fragt eine der Ureinwohnerinnen?

»Polyamor. Wir glauben nicht an das Konzept der monogamen Zweierbeziehungen. Meine Frau und ich haben beide Liebesbeziehungen auch außerhalb unserer Ehe.«

Stille im Raum. Alle rühren angespannt in ihren Tassen.

»Und diese ›Begegnungsstätte‹ – ist das dann eine Art Swingerclub?«, fragt schließlich eine der Siedlerinnen.

»Aber nein, polyamores Leben hat ja nicht nur was mit Sex zu tun. Wir wollen Seminare veranstalten, aufklären, andere Paare beraten, ihnen die Angst nehmen. Ich kann in dieser Runde gern auch mal ein bisschen erzählen, wie wir …«

»Ja, danke, vielleicht ein anderes Mal«, unterbricht Gruppenleiterin Karin. »Jetzt lasst uns doch erstmal das Begrüßungslied singen, und dann können wir vielleicht reihum mal erzählen, was uns als frischgebackene Mütter und Väter gerade so bewegt.«

»Also mich bewegt als Mutter, dass hier in unserem Dorf offenbar ein Swingerclub eröffnet werden soll«, sagt eine der Ureinwohnerinnen.

»Begegnungsstätte, das kann ja jeder behaupten. Ist doch ekelhaft!«, sekundiert ihre Sitznachbarin.

»Und dann auch noch mit Kind! Denkt ihr denn gar nicht an eure Tochter?«, fragt eine Siedlerin.

Der junge Vater lächelt milde, er scheint derlei Unverständnis schon zu kennen. »Es geht doch gar nicht nur um Sex. Es geht um Liebe. Um Liebe, die für mehr Menschen reicht, als nur für eine Frau oder einen Mann. Ich liebe meine Frau genauso wie meine Freundin und meinen Freund. Und unserem Kind schadet das kein bisschen.«

»Wie jetzt – Freund?«, fragt eine Siedlerin und zieht sich ihr Baby zum Stillen auf den Schoß.

»Sie betrügen Ihre Frau mit einem Mann? Das wird ja immer schöner!«

»Wollen wir jetzt nicht vielleicht das Begrüßungslied …«, versucht es Karin noch einmal, allerdings erfolglos.

»Ich betrüge meine Frau nicht. Sie weiß von meinen anderen Beziehungen und freut sich für mich. Sie hat nebenbei ja auch ein Verhältnis mit meinem Freund, was ihr sehr gut tut. Wir sind da nicht besitzergreifend.«

»Wow, Sie und Ihre Frau schlafen beide mit dem selben Kerl?«, platzt es aus mir heraus, und ich kann eine gewisse Bewunderung in meiner Stimme nicht leugnen.

»Ekelhaft!«

»Also wirklich!«

»Kann mir doch keiner erzählen, dass das funktioniert!«

»Das arme Kind!«

»Also, was das mit Liebe zu tun haben soll, muss mir noch mal einer erklären!«

Die Krabbelgruppe ist in Aufruhr. Nur die Kinder robben, rutschen und krabbeln auf den Gummimatten herum, ziehen sich gegenseitig an den Haaren, stecken Spielzeug in den Mund und machen alles in allem einen gelassenen Eindruck, obwohl wir Erwachsenen jetzt wild durcheinanderquasseln. Nur Siedlerin Nummer drei, die schon die ganze Zeit so unbeteiligt und traurig geguckt hat, bricht plötzlich in Tränen aus. Wiegt ihren Oberkörper hin und her und schluchzt hemmungslos.

Gerade hatten alle noch mehr oder weniger empört durcheinandergeredet, jetzt starren alle erschrocken auf das verzweifelte Bündel Frau.

»Ich bin so allein«, schluchzt sie und fummelt ein Taschentuch aus ihrer Wickeltasche. »So allein. Ich wollte immer ein Haus mit Garten und jetzt ... jetzt ... ist mein Mann den ganzen Tag weg. Seit das Baby da ist, ist er bis nachts im Büro. Ich glaube, er betrügt mich. Und ich ... bin so müde und ... ich ... weiß nicht ... tut mir leid«.

Ein heftiger Schluchzkrampf schüttelt die verzweifelte Siedlerin, so dass sie nicht weiter sprechen kann.

»Hab ich mir gleich gedacht, dass deren Ehe nicht hält. Sah man schon, als die eingezogen sind«, raunt Siedlerin Nummer eins mir ins Ohr.

Mister Polyamor jedenfalls ist inzwischen aufgestanden, kniet vor dem Stuhl der weinenden Frau, hat ihren Kopf in seine Hände genommen, seine Stirn gegen ihre Stirn gepresst und murmelt etwas, was nach »Lass es raus, lass alles raus« klingt. Die beiden Ureinwohnerinnen tätscheln ihr die Schultern, schreiben schließlich ihre Telefonnummern auf ein Stück Papier und sagen, sie könne wirklich jederzeit mal auf einen Kaffee und ein Stück Kuchen vorbeikommen – dem schließe ich mich an. Wirklich gern jederzeit mal einen Kaffee oder vielleicht eine gemeinsame Runde um die nebelverhangenen Stoppelfelder.

Nur die beiden Siedlerinnen zeigen sich irgendwie ungerührt vom Unglück ihrer Nachbarin, und ich frage mich warum. Hat sie den anderen etwa das Reihenendhaus weggeschnappt? Oder haben die Damen selbst ein Auge auf den treulosen Kindsvater geworfen? Oder ist die Vorstellung zu beängstigend, dass da eine trotz Reihenhaus, Mann und Kind schlicht und ergreifend kreuzunglücklich ist?

»Ja gut, dann sehen wir uns alle einfach nächste Woche«, sagt Karin schließlich resigniert und bittet noch um eine kleine Spende für den getrunkenen Kaffee. Alle sammeln ihre Babys von der Matte, die weinende Siedlerin entschuldigt sich schniefend für ihren Ausbruch, der polyamore Biobauer schnürt seine Tochter sehr gekonnt in ein Tragetuch, wir anderen machen unsere Kinderwagen startklar und schieben schließlich in unterschiedliche Richtungen davon.

»Und, war's schön in der Krabbelgruppe?«, fragt Benni-Papa abends, als die Kinder endlich schlafen.

»Es war großartig«, sage ich. »Ich habe viel gelernt über Sex, Treue, Liebe und postpartale Depressionen.«

»Hmmm, sollte mich das beunruhigen? Willst du nicht doch lieber einen ganz normalen Pekip-Kurs besuchen, wo ihr alberne Lieder singt und mit bunten Tüchern wedelt?«

»Nichts da!«, sage ich. »Das könnte dir so passen! Diese Krabbelgruppe ist das beste Mutter-Kind-Entertainment, das mir bislang untergekommen ist: Es gibt richtige Stühle, normalen Kaffee und echte Gesprächsthemen. Und Hannah darf ganz in Ruhe an irgendwelchem Plastikzeugs rumlutschen, ohne pädagogische Anleitung und ohne, dass ich ihre ›Sinne stimulieren‹ oder ihr ›taktile Erfahrungsangebote‹ machen muss.«

»Schön, es bekommt dir also, das einfache Leben auf dem Land!«, sagt mein Mann und geht sich die Zähne putzen.

Von wegen »einfaches Leben«! Wenn ich den heutigen Tag zum Maßstab nehme, dann wird das alles hier noch auf hoch interessante Art und Weise sehr kompliziert!

Bushaltestellen-Blues

Das Leben ohne Zweitwagen ist mühsam,
aber sexy

Wie immer bin ich an den großen Miseren meines Lebens
selber schuld. Es stimmt, ich wollte raus aus der Stadt,
weil ich mehr Platz wollte. Was ich dabei nicht bedacht
hatte: Mehr Platz geht einher mit größeren Entfernungen.
Wo mehr Raum ist, sind die Wege länger. Wer einen Garten will, kann nicht mal schnell beim Supermarkt um
die Ecke eine Tüte Milch oder eine Packung Windeln kaufen, sondern muss sich ins Auto setzen und in das nahge-
legene Industriegebiet fahren, wo sich der große Supermarkt, der große Baumarkt und das große Gartencenter
um einen gigantischen Parkplatz herum gruppieren. Dorthin also pilgern alle Speckgürtelbewohner am Samstag
nach dem Frühstück, um einen Familiengroßeinkauf zu
machen. Räumen Maxipackungen Nudeln, Saft, Windeln
und Toastbrot in ihre Kombis und kommen damit auch
eine Woche über die Runden.

Doch mein verkümmertes Großstadtgehirn ist einfach
noch nicht soweit. Ich kann weder den familiären Speise-
plan noch Hannahs wöchentlichen Windelverbrauch im
Voraus berechnen. Musste ich ja bislang auch nicht. Alles, was ich zum Leben brauchte, war keine fünf Minuten
Fußmarsch von meiner Haustür entfernt zu erstehen. Unser Auto war einzig und allein ein Vehikel für Familien-

ausflüge. Jetzt dämmert mir, dass das Auto in Wahrheit unser einziger wirklich wichtiger Besitz ist. Unsere Nabelschnur zur Zivilisation. Wie bescheuert war ich eigentlich, als gottgegeben hinzunehmen, dass der Herr Gatte jeden Morgen damit ins Büro fährt? Wieso fällt mir jetzt erst auf, dass in einen Kredit für den Hauskauf unbedingt die Summe für einen Zweitwagen mit eingepreist werden muss?

Dies sind die trüben Gedanken, die mir durch den Kopf gehen, als ich eines Morgens mit der stinkenden Hannah und dem total verrotzten Ben unter dem Vordach eines Bushaltestellenhäuschens an der Dorfstraße stehe. Es ist Donnerstag, Mann und Auto sind auf einem Termin weit, weit weg, es findet sich keine einzige Windel mehr im Haus und auch Hundefutter, Taschentücher und Klopapier werden rar – ich muss also einkaufen. Der Supermarkt ist zehn Kilometer und damit drei Stationen mit dem Landbus entfernt, der – wie ich schon befürchtet hatte – nur einmal die Stunde fährt.

Nach zwanzig Minuten Wartezeit unterm Bushaltestellenhäuschen wuchte ich also den Kinderwagen hinten in den Bus, bezahle dann vorne beim Busfahrer, und kämpfe mich mit Ben an der Hand durch eine Horde tobender Schulkinder zurück zu Hannahs Kinderwagen.

»Menno, Mama, warum durfte ich Pupsi nicht mitnehmen?«, nölt Ben.

»Weil Pupsi lernen muss, auch mal allein zu Hause zu bleiben. Und weil er uns wahrscheinlich jetzt und hier den Bus vollgekotzt hätte. Darum.«

»Mit Hannah schimpfst du nie, wenn sie kotzt und alles vollkackt. Du hast Hannah viel lieber als Pupsi.«

»Stimmt. Hannah ist ja auch ein Kind und Pupsi ein Hund.«

»Trotzdem voll ungerecht«, sagt Ben und niest so heftig, dass ihm anschließend zwei lange Rotzfäden von der Nase bis zum Kinn baumeln. Ich fasse in die Jackentasche auf der Suche nach einem Taschentuchfragment, finde aber keins, drehe mich hilfesuchend um und sehe eine ältere Dame, die kopfschüttelnd und mit angewidertem Blick ein Tempo aus ihrer Handtasche nestelt und mir rüberreicht, während ich versuche, in dem fahrenden Bus das Gleichgewicht zu halten und Ben daran zu hindern, sich die Rotze an den Jackenärmel zu schmieren.

»Wirklich eine Zumutung, mit einem kranken Kind den Bus zu nehmen! Der Junge steckt ja alle an. Außerdem hat Ihr Baby die Windel voll. Es stinkt. Ist doch ekelhaft«, sagt der Sitznachbar der älteren Dame, offenbar ihr Mann.

»Siehst du Mama, Hannah kackt alles voll, und du schimpfst immer nur mit Pupsi«, ruft Ben.

Ich bedanke mich demütig, blicke dann starr auf den kleinen Nothammer, der da neben dem Knopf mit der Aufschrift »Nothalt« hängt und male mir aus, was sich – außer Busfensterscheiben – damit noch alles einschlagen ließe und ob ich der Dame zum Dank für das Taschentuch nicht einen großen Dienst erweisen könnte, indem ich ihren Mecker-Gatten hier und jetzt ins Jenseits befördere.

Irgendwann erreichen wir den Supermarkt, kaufen Windeln, Taschentücher, Klopapier und Hundeleckerlies, und als ich gerade dabei bin, auf einer Bank am Parkplatz Hannah eine dringend benötigte neue Windel zu applizieren (weil es im Supermarkt zwar alles gibt, nur keine Kundentoilette mit Wickelmöglichkeit), hupt es neben mir: Frau Liebmann in ihrem roten, knubbeläugigen Kleinwagen steht da mit herunter gelassem Fenster.

»Hallöchen!«, flötet sie. »So ein Zufall. Was macht ihr denn hier?«

»Einkaufen und wickeln«, antworte ich wahrheitsgemäß.

»Hahaha, das sehe ich. Scheint ja eine ganz dringende kleine Kackiwurst gewesen zu sein, die da stinki stinki gemacht hat. Parkt ihr weit weg?«

»Wir sind mit dem Bus hier«, knurre ich.

»Dem Bus? Ach, wie süß. Na, das war doch bestimmt aufregend, was Benni?«

Ben zieht die Nase hoch und streckt den Zwillingsmädchen auf der Rückbank des roten Autos die Zunge raus.

»Ich würde euch ja gern was abnehmen, aber ich habe das ganze Auto voller Blumen. Es sind Frühblüherwochen im Gartencenter, ihr solltet auch mal schauen, es gibt ja wirklich noch viel zu tun in eurem Garten. Und die Bienchen und Schmetterlinge freuen sich so über die vielen Blumis. Also tschüssi, bis bald«, ruft sie und fährt davon.

Irgendwie schaffen wir drei es nach Hause, schwitzend und übellaunig schiebe ich den mit Hannah, Windel- und Klopapierpackungen beladenen Kinderwagen die Straße zum Wendehammer hinauf, Ben trabt fiebrig und schniefend neben mir her, und ich beschließe, dass ab sofort Benni-Papa morgens mit dem Bus in die Stadt und ins Büro fahren wird, auch wenn ich mit dieser Maßnahme den ehelichen Frieden gefährde.

»Ich? Mit dem Bus ins Büro fahren? Auf keinen Fall!« protestiert der Göttergatte dann auch prompt, als ich ihm abends diesen Vorschlag unterbreite.

»Und warum nicht? Wenn ich mit einem kranken Kind, einem Kinderwagen und einem vollgekackten Baby mit dem Bus zum Supermarkt fahren kann, weil du vergessen hast, am Abend vorher noch Windeln und Klopapier zu besorgen, dann wirst du ja wohl allein mit dem Bus zur Arbeit fahren können.«

»Schatz, dieser Bus fährt einmal in der Stunde.«

»Dann stehst du eben früher auf.«

»Nee, sorry, bei aller Liebe. Ich brauch das einfach morgens und abends, diese halbe Stunde Ruhe im Auto. Ich habe einen anstrengenden Arbeitstag.«

»Mir kommen die Tränen. Du armer, gestresster Familienversorger. Aber ob du es glaubst oder nicht: Ich habe auch anstrengende Tage. Und ich bin hier gefangen ohne Auto. Das steht doch dann eh nur den ganzen Tag vor deinem Büro auf der Straße rum. Was, wenn ich mal … mit den Kindern ganz spontan was backen will und Backzutaten einkaufen muss?«

»Das wäre das erste Mal, dass du mit den Kindern spontan was backen willst«, sagt Benni-Papa. »Und ich darf dich erneut daran erinnern, dass es vor allem deine Idee war, hier rauszuziehen.«

»Gut, dann brauchen wir eben zwei Autos.«

»Zu teuer.«

»Aber alle hier haben zwei Autos.«

»Glaub ich nicht. Kein Mensch braucht zwei Autos. Früher wolltest du noch nicht mal EIN Auto haben. Du hast immer gesagt, Autos sind spießig.«

»Dann bin ich jetzt eben oberspießig und will ein zweites. Müssen wir eben woanders sparen. Dein Pay-TV-Abo zum Beispiel – sorry, aber wer muss schon sämtliche Partien der zweiten Bundesliga gucken?«

»Ich. Das Pay-TV-Abo bleibt!«

»Tut es nicht!«

»Tut es wohl!«

Und so weiter und so fort. Jedenfalls ist Benni-Papa am nächsten Morgen wegen eines ganz furchtbar wichtigen Termins extra früh mit unserem Auto davongezischt, offenbar wild entschlossen, das Thema einfach auszusitzen. Doch so weit lasse ich es nicht kommen.

Ich brauche ein paar gute Argumente und horche mich in den nächsten Tagen bei den Nachbarn zum Thema Zweitwagen um. Frau Liebmann ist ganz verliebt in ihren »süßen roten Flitzi« und würde den auch um nichts auf der Welt wieder hergeben, denn auch wenn sie sich im Moment ganz und gar auf ihre beiden Kleinis konzentriert und zu Hause bleibt, ist das Auto doch sehr praktisch, wenn man mal ganz spontan ein paar frische Eier vom Bauernmarkt im Nachbarort holen will.

Blockaus-Samy macht in der Motorradwerkstatt von Blockhaus-Dany die Buchhaltung, die beiden haben also den gleichen Arbeitsweg und düsen da morgens gemeinsam mit ihrem monströsen Pick-up hin. »Für alles andere habe ich ja die Harley.«

Frau König fährt den Familien-SUV, während ihr Mann morgens mit einem sehr gepflegten schwarzen Audi in seine Versicherungsagentur verschwindet. »Ich weiß ja nicht, wie SIE das hinbekommen mit nur einem Auto, aber meine Kinder haben ja so viele außerschulische

Aktivitäten. Charlotte muss zum Ballett und zum Volti-
gieren, und Jonathan hat zwei Mal in der Woche Hockey-
training und dazu Oboenunterricht. Da kann ich sie ja
unmöglich mit dem Bus hinfahren lassen.«

Frau König stutzt. »Ich habe gehört, Sie fahren ja öfter
mit dem Bus?«

»Nur neulich mal zum Einkaufen. Mein Mann hatte das
Auto.«

»Sie Ärmste. Das muss schrecklich sein!«, ruft Frau König mit kaum versteckter Schadenfreude. »Sie sollten
wirklich an Ihre Kinder denken und sich noch ein Auto
zulegen. Schönen Tag noch.«

Nur bei Koi-Kerstin habe ich bislang immer nur den
weißen Lieferwagen mit dem »Koi-Connection«-Aufdruck
in den Einfahrt stehen sehen.

»Hör mal, die Liebmann hat mir erzählt, dass du neulich mit dem Bus zum Supermarkt gefahren bist? Ist
das wahr?«, fragt sie mich, als ich gerade heimlich unsere gelben Säcke zurück in die Garage räumen will, die
ich schon wieder am falschen Tag an die Straße gestellt
hatte.

»Ja«, erwidere ich matt. »Ging nicht anders. Akuter
Windelnotstand und mein Mann hatte das Auto.«

»Du Arme. Ich fahr ja gar nicht gern mit unserem Lieferwagen, das macht immer der Karsten. Ich bestelle alles
nur noch im Internet, auch Klopapier, Waschpulver und
das Spezialfutter für die Fische. Wirklich, das ist so praktisch, und ich muss fast gar nicht mehr aus dem Haus«,
sagt sie und lacht ein bisschen irre.

Wäre vielleicht gar nicht so schlecht für dich, wenn du
öfter aus deinem Feng-Shui-Tempel kommen würdest,

denke ich, sage aber artig Danke für den guten Tipp. Windeln im Internet bestellen – da wäre ich früher nie drauf gekommen. Probier ich gleich mal aus, obwohl mich sofort das schlechte Gewissen plagt, denn als Stadtbewohner bekommt man ja eingebläut, den lokalen Einzelhandel zu unterstützen. Egal, jetzt bin ich ja keine Stadtbewohnerin mehr, und der lokale Einzelhandel hier ist schon seit vielen Jahren tot. Außerdem habe ich jetzt ein Haus mit viel Platz, ich könnte also richtige Vorräte anlegen.

Ich gehe online und bestelle: sechs Großpackungen Windeln und Feuchttücher, säckeweise Hundefutter und Waschmittel, Klopapier, Nudelpackungen und Safttüten in einer Menge, mit der wir locker übers Jahr kommen könnten.

Und dann, zwei Tage später, kommt Simon.

Ein gelber Lieferwagen hält vor unserer Einfahrt, die Tür geht auf und heraus steigt ein vielleicht achtundzwanzigjähriger Adonis, ein Surfertyp mit halblangem blondem Haar, wohlgebräuntem Teint und einem beeindruckenden Muskelspiel unter den Klamotten. Ich beobachte vom Fenster aus, wie er diverse Pakete aus seinem Lieferwagen auf eine Sackkarre packt und damit auf meine Haustür zurollt.

»Hallo! Schön, dass du zu Hause bist. Ich bin Simon. Die hier sind wohl alle für dich«, sagt der Typ mit seinem Sahneschnittchenlächeln, als ich ihm die Haustür öffne.

»Äh … ja. Windeln und so. Also fürs Baby, nicht für mich natürlich«, stammle ich.

»Echt? Du hast gerade ein Baby bekommen? So siehst du gar nicht aus.«

»Äh … was?«

»Ihr seid neu hier, oder? Bin ja ziemlich häufig hier in der Straße, aber dein nettes Lächeln ist mir bislang noch nicht begegnet.«

»Oh … ach … ja …, sind kurz vor Weihnachten eingezogen. Ich bekomme sonst auch nie Pakete.«

»Na dann, bis bald hoffentlich.«

Als ich die Tür wieder zumache, breche ich in irres Gekicher aus. Was war DAS denn? Hat da gerade jemand mit mir geflirtet? Ein Typ wie aus dem Calvin-Klein-Unterwäsche-Katalog, mindestens zehn Jahre jünger als ich, hat MIR, der »Queen of Augenringe« schöne Augen gemacht? Ich lasse die Pakete im Flur stehen, hechte zum Küchenfenster und schaue Simon heimlich zu, wie er weitere Pakete an die Liebmanns liefert, kurz mit Koi-Kerstin quatscht, bei Frau König ein Päckchen abgibt, sich zum Abschied höflich verbeugt und dann – ganz ohne Paket – bei Blockhaus-Samy klingelt, die in sehr knapp geschnittenen Jeans-Hotpants und einem bauchfreien Top die Tür öffnet und sich ganz offenbar sehr über den gutaussehenden Besuch freut. Simon, der Paketbote, scheint im ganzen Wendehammer ein Quell der Freude zu sein. Vielleicht brauche ich doch gar nicht so dringend ein zweites Auto?

In den nächsten Tagen steige ich voll ein ins Internet-Shopping-Geschäft. Ich ordere Windelpakete in diversen Größen, ersteigere bei Ebay Spielzeug und Klamotten für die Kinder, lasse mir zehn Paar Schuhe schicken, von denen ich schon im Vorfeld weiß, dass ich acht Paar wieder zurückschicken werde. Ich kaufe einen großen neuen Hundekorb für Pupsi, eine zwanziger-Packung schwarze Socken für meinen Mann, ein paar neue DVDs, schließlich kommen wir ja kaum noch ins Kino, Staubsaugerbeutel und mehrere Säcke Blumenerde.

So werde ich beinahe täglich von Simon mit einem Besuch beglückt. Mein schöner Paketbote wuchtet Päckchen um Päckchen aus seinem Lieferwagen, begrüßt mich an der Tür mit einem strahlendem Lächeln und sagt so bezaubernde Dinge wie: »Na, schöne Frau?«, »Für dich schwitze ich gern!«, »Ich hoffe, hier ist was drin, was dich heute so richtig glücklich macht!«.

Ich bekomme also nicht nur lauter Zeugs direkt an die Haustür geliefert, sondern dazu noch zuckersüße Komplimente von einem jungen, gutaussehenen Kerl. Ben ist begeistert, denn seit ich wie im Wahn im Internet einkaufe, bekommt er täglich neue Kartons zum Ritterburgbauen. Hannah und Pupsi freuen sich über einen nicht enden wollenden Vorrat an Bubble-Folie und anderem Verpackungsmaterial, das sich wunderbar zerfetzen lässt. Und mein Mann scheint sehr zufrieden, dass ich im Streit um unser Auto ganz offenbar bedingungslos kapituliert habe.

Dass er mit dieser Einschätzung falsch liegt, bemerkt er an einem Samstagvormittag, als es an der Haustür klingelt. Ich bin gerade damit beschäftigt, Hannah gegen ihren erklärten Willen eine neue Windel anzuziehen, deshalb geht ihr Vater zur Tür.

»Hi, ich bin Simon«, höre ich den Paketboten meines Herzens durch Pupsis aufgeregtes Begrüßungskläffen hindurch sagen. »Ich hab hier was für … Ihre Frau. Ist sie da?«

»Nein!«, sagt mein Mann, laut genug um sicher zu gehen, dass ich das auch im ersten Stock an der Wickelkommode mitbekomme.

»Oh, schade«, sagt Simon. »Na dann, einen ganz lieben Gruß.«

Als ich mit Hannah auf dem Arm die Treppe wieder herunterkomme, sehe ich meinen Mann mit stoischer Miene die Spülmaschine einräumen. »Dieser ... Typ ... hat ein Päckchen für dich gebracht.«

»Ach, bestimmt die neuen Bademäntel von Tchibo, die waren gerade im Angebot«, sage ich heiter.

»Ich soll dich auch ganz, ganz lieb grüßen.«

»Aaah, wie süß von Simon«, flöte ich.

»Ja, total süß von Simon. Nennst du die Typen von der Müllabfuhr auch beim Vornamen?«

»Nein, warum?«

»Nur so ...«

Den Rest des Tages verbringt Benni-Papa wortkarg mit dem Sortieren seiner DVD-Sammlung und – trotz Bens vehementen Protests – mit dem Zerkleinern diverser Kartons, so dass sie nach und nach in unsere überfüllte Papiermülltonne wandern können.

Abends auf dem Sofa ist er immer noch erstaunlich still. Dann, in einer Werbepause, sagt er mit einem tiefen Seufzer:

»Ich habe über diese Autosache nachgedacht. Wir könnten uns ja wochenweise abwechseln. Eine Woche behältst du das Auto und ich fahre mit dem Bus in die Stadt, und in der nächsten Woche nehme ich das Auto, um zur Arbeit zu kommen.«

»Lieb von dir Schatz, wirklich, aber das ist gar nicht nötig. Ich komme wunderbar zurecht, man kann ja heutzutage wirklich fast alles im Internet bestellen. Wahnsinnig praktisch.«

»Ja, ich weiß. Trotzdem. Nimm das Auto. Nur falls du mal ganz spontan mit den Kindern was backen willst und dein Simon dir die nötigen Zutaten nicht sofort persönlich vorbeibringen kann.«

»Keine Sorge, Schatz. Das ist nicht MEIN Simon. So wie ich die Sache sehe, teile ich Simon mit allen meinen Nachbarinnen hier im Wendehammer.«

»Dann möchte ich an dein soziales Gewissen appellieren, euren Päckchenprinzen mit deinem manischen Onlineshopping nicht zu überfordern. Wenn du weiterhin so viel bestellst, hebt sich der arme Knabe noch einen Bruch an den vielen Paketen. Dann schickt der Paketdienst ein weniger hübsches Modell vorbei, und hier in der Nachbarschaft wird man dir dafür die Schuld geben.«

»Na gut. Meinetwegen. Ich nehme das Auto. Jede zweite Woche. Aber nur dir zuliebe«, sage ich huldvoll.

»Danke, Schatz«, sagt mein Mann. »Das ist wirklich sehr großzügig von dir.«

Grün ist die Hoffnung

Wie wir uns mit »Projekten« den Frühling ruinieren

Ach, Frühling – du wunderbare Zeit des Aufbruchs und des Neuanfangs. Wie sehr habe ich dir entgegengefiebert in diesem langen, kalten Winter. Schließlich habe ich als frischgebackene Grundstücksbesitzerin lauter wunderbare Pläne, wie aus der matschigen Brache rund um unser Haus ein grünes Gartenparadies werden soll. Ich will dichten sattgrünen Rasen aussähen, ein Apfelbäumchen pflanzen, ein Kinderbeet anlegen, in dem Ben und Hannah ganz allein ein paar Erdbeeren pflanzen und beim Wachsen beobachten können. Ich will sähen und mähen, kompostieren und vertikutieren, düngen und sprengen, schnippeln und knipsen. Ich möchte in der lauen Frühlingssonne in Rosenbeeten knien und Unkraut zupfen, während Hannah neben mir nach Regenwürmern wühlt. Ich möchte mit einer Tasse Tee in der Hand morgens über meine taubenetzte Wiese schreiten und mich beglückwünschen zu meiner Flucht aus der hektischen Großstadt.

Ich habe also wirklich nur Gutes mit dir vor, Frühling. Womit habe ich es also verdient, dass du mir derart missgelaunte Frühlingsboten vorbei schickst?

Gerade habe ich Ben zum Kindergarten gebracht, bin mit Pupsi und Hannah noch eine Runde um die Stoppelfelder gelaufen und habe mich zu einem zweiten Frühstück an den Küchentisch gesetzt, da klingelt es Sturm an der Haustür. Merkwürdigerweise verkriecht sich unser Labrador mit eingezogenem Schwanz hinter dem Sofa, anstatt wild bellend und schwanzwedelnd den Besuch zu empfangen, aber kaum öffne ich mit Hannah auf dem Arm die Tür, verstehe ich auch warum.

Herr und Frau König stehen mit versteinerten Gesichtern auf unserer Fußmatte, sie im beigefarbenen Steppmantel, er im dunkelgrauen Dreiteiler und mit einer Plastiktüte in der Hand.

»Dieses Tier ist eine Plage!«, sagt Frau König, bebend vor Zorn.

»Sie müssen etwas unternehmen, wir können das so nicht länger dulden«, sagt er.

»Die Schonfrist ist vorbei. Sie wohnen jetzt schon seit fast vier Monaten hier und haben immer noch keinen Zaun«, sagt sie.

»Wir sind nicht gewillt, die Eskapaden Ihres Haustieres noch weiter zu dulden«, sagt er und reicht mir die Plastiktüte.

»Guten Morgen erstmal. Was ist denn überhaupt …«, aber die Frage danach, was denn nun genau der Grund für den königlichen Besuch ist, erübrigt sich, als ich einen Blick in die Plastiktüte werfe und die Überreste eines stark verwesten Tieres sehe.

»Diesen Kadaver hat Ihr Hund gestern Abend in unserem Vorgarten ›vergessen‹, als er dort unberechtigterweise herumstromerte. Die Kinder haben sich zu Tode erschreckt. Ich verlange, dass Sie diese Bestie anleinen und Ihr Grundstück einzäunen«, sagt Herr König.

»Und es wäre auch langsam an der Zeit, sich um den Garten zu kümmern. Das sieht ja immer noch aus wie eine Baustelle hier, dieser Anblick entwertet die ganze Nachbarschaft«, sagt Frau König.

Dann machen die beiden auf dem Absatz kehrt und lassen mich ziemlich bedröppelt mit der Plastiktüte in der Hand in der Tür stehen.

»'Tschuldigung« rufe ich ihnen noch kleinlaut hinterher. Dann schmeiße ich die Plastiktüte samt Inhalt in die Mülltonne, gehe um unser Haus herum in den Garten und finde meine Vermutung bestätigt: An der Stelle, an der mein Mann am Tag vor Weihnachten den Truthahn von Bauer Hansen vergraben hatte, ist nun ein Loch. Seit ein paar Tagen steigen die Temperaturen, die Erde ist nicht mehr hart vom Frost und die betörenden Verwesungsdämpfe des nun ebenfalls tauenden Truthahns scheinen Pupsi magisch angezogen zu haben. Wir hätten ihn gestern Abend vielleicht nicht mehr kurz allein in den Garten verschwinden lassen sollen, weil wir zu faul waren für eine spätabendliche Gassi-Runde.

»Dummer Hund«, sage ich zu Pupsi, der sich immer noch hinterm Sofa verkriecht und meinen Blick meidet. »Gegessen wird zu Hause. Schlimm genug, dass du dieses Zombiegeflügel wieder ausbuddelst, aber musstest du es ausgerechnet in Königs Vorgarten verspeisen?«

Es hilft nichts: Der Frost ist vorbei, ein Zaun muss her, der unser ansonsten von einer dichten Buchenhecke begrenztes Grundstück zur Straße hin abschließt. Und ich kann nicht länger nur von der Gartenarbeit träumen, ich muss langsam auch ganz konkret etwas tun.

Abends zeichne ich meinen Gartenplan auf ein Stück

Papier: vorm Haus ein Blumenbeet mit Ringel- und Sonnenblumen, dazu ein kleines Apfelbäumchen, hinterm Haus eine Rasenfläche, vielleicht noch zwei oder drei kleine Beete vor der Terrasse, hinten rechts eine Buddelkiste und hinten links einen Komposthaufen. Mein Mann sitzt derweil mit einem Stapel Baumarktprospekte auf dem Sofa und versucht, sich eine Meinung zum Thema Grundstückseinzäunung zu machen.

»Himmel, ist das alles hässlich. Furchtbar. Ich will das alles nicht. Geht es nicht auch ohne Zaun? Wollten wir unsere Kinder nicht in Freilandhaltung aufziehen anstatt sie in einen Maschendrahtkäfig zu sperren?«

»Die Kinder schon, aber Pupsi nicht.«

»Kannst du nicht ein Gutachten von deiner neuen Feng-Shui-Freundin von nebenan einholen, mit dem wir beweisen können, dass so ein Zaun unser Familien-Chi massiv beeinträchtigt?«, fragt mein Mann verzweifelt.

»Wenig glaubhaft von uns, ästhetische Einwände vorzubringen, während wir gleichzeitig unter einem schlumpfblauen Dach wohnen«, sage ich.

Also starten wir das Projekt Garten und Zaun. An einem Samstagmorgen fahren wir zusammen mit Ben und Hannah zum Gartencenter, um alles Nötige einzukaufen.

»Schattenrasen, Zierrasen oder Strapazierrasen?«, fragt die muffelige Gartencentermitarbeiterin, als wir unser Anliegen schildern.

»Äh … keine Ahnung. Eine Mischung aus allem?«, versuche ich es vorsichtig.

Die Gartencenterfrau, eine burschikose Mittvierzigerin in grünem Overall, hebt den Blick über ihre randlose Brille und schaut uns angewidert an. »Eine Mischung? Gibt's nicht. Sie haben Kinder, wie ich sehe, also vergessen Sie den Zierrasen, nehmen sie Strapazierrasen. Brauchen sie noch was zum Abmagern?«

»Wie bitte?«, frage ich irritiert. »Abmagern? Ich?«

»Nein, Ihr Boden. Ist der sauer und lehmig? Dann müssen Sie Sand einharken, zum Abmagern.«

»Ach so, okay, dann ja, bitte.«

»Und Humus. Wieviele Säcke?«

»Keine Ahnung«, sage ich eingeschüchtert.

Die Gartencenterfachberaterin atmet tief ein und aus. »Wie groß ist sie denn, die Rasenfläche?«

»Na, ich würde mal schätzen, so groß wie ein Tennisfeld, nur weniger rechteckig.«

»Soso, ein Tennisfeld. Sie haben nicht gemessen?«, fragt die Frau, jetzt nicht mehr ganz so genervt, dafür amüsiert. Wahrscheinlich malt sie sich gerade aus, wie sie sich heute Abend mit ihren Gartencenterkumpels zum Feierabendbierchen treffen und dort die unglaublich lustige Geschichte von den dämlichsten Kunden des Jahres erzählen kann.

»Etwa hundertfünfzig Quadratmeter«, sagt mein Mann, bevor ich wieder mit dem Tennisplatz anfange. »Können Sie das alles liefern?«

»Natürlich. Haben Sie eine Gartenwalze? Lassen Sie mich raten: Sie wissen nicht mal, was eine Gartenwalze ist. Sie brauchen aber eine, wenn Ihr Rasen was werden soll. Sie können bei uns eine leihen. Sollen wir die gleich mitliefern? Und wollen Sie sich noch einen passenden Rasensprenger aussuchen?«

»Ja bitte«, sage ich kleinlaut. Bis gerade eben dachte

ich, ich schmeiße einfach ein paar Grassamen auf den Matsch und dann wird das schon. Von Sand und Humus einharken oder gar vom Gebrauch einer Gartenwalze kam in meinen Gärtnerinnenphantasien nichts vor.

»Da wäre noch etwas«, sagt mein Mann vorsichtig, um die Expertin nicht durch weiteren offensichtlichen Dilettantismus zu verärgern. »Wir brauchen noch einen Zaun.«

»Maschendraht? Doppelstabmatte? Gabionen? Sichtschutzwand? Kunststoffzaun? Holzzaun?«

»Ich dachte an Holz«, sagt mein Mann.

»Jäger- oder Lattenzaun?«

»Lattenzaun.«

»Kiefer, Fichte oder Lärche? Gerader Verlauf oder Friesenoptik?«

Wir schauen uns ratlos an. Friesenoptik? Was soll das denn sein?

»Bitte Papa, darf ich dir beim Aufbauen helfen?«, fragt Ben und blickt seinen Vater bewundernd an, so wie nur ein Sohn seinen Vater ansehen kann, der noch nicht weiß, dass sein Erzeuger der handwerklich unbegabteste Mensch auf Erden ist.

»Um Gottes willen, Sie wollen den selber aufstellen, den Zaun? Sind Sie sicher? Haben Sie das schon mal gemacht? Sie sehen mir nicht so aus«, sagt der Gartencenterdrachen.

Doch Benni-Papa drückt das Kreutz durch, verengt seine Augen zu schmalen Schlitzen, schaut dem Feind ins Gesicht und sagt: »Ich habe schon ganz andere Dinge getan. Und jetzt hören Sie auf, uns zu belehren und liefern Sie: Einen Bausatz für einen Gartenzaun, Kiefer, gerader Verlauf, inklusive Gartenpforte und zweiflügeligem Gartentor. Fünfzehn Meter Länge insgesamt. Und bevor Sie fragen: Ja, ich habe gemessen!«

»Ganz wie Sie wünschen«, sagt der Drachen mit maliziösem Lächeln. Und obwohl ich Benni-Papa sofort knutschen möchte für seine Furchtlosigkeit, bin ich mir doch ziemlich sicher, dass er hier nur für Ben den Handwerkersuperhelden spielt. Nichts bringt meinen Liebsten so schnell aus der Fassung, wie der Gebrauch eines Akkuschraubers.

»Sollen wir das nicht doch von einem Profi machen lassen?«, frage ich vorsichtig, als wir auf dem Weg nach Hause sind.

»Nein!«, sagt Benni-Papa bestimmt. »ICH stelle diesen Zaun auf. Das kann doch so schwer nicht sein. Ich schaff das schon. Außerdem haben wir kein Geld für Profis. Du machst den Rasen, ich mach den Zaun. Ich habe mir zwei Tage frei genommen für das Projekt.«

Am Montagmorgen fährt also ein Laster mit all den von uns georderten Produkten vor. Junge Männer in grünen Latzhosen wuchten Zaunbauteile vor unsere Garage und jede Menge Säcke mit Samen, Sand und Gartenerde auf die Terrasse hinter dem Haus. Dazu eine Leihgartenwalze, mit der Ben sofort versucht, seine kleine Schwester platt zu machen, was ich gerade noch verhindern kann.

»Ich will nicht in die Kita, Mama. Ich will helfen!«, schreit Ben.

»Keine Sorge, du kannst auch heute Nachmittag noch helfen. Versprochen, Ben. Und jetzt leg die Walze wieder hin, lass deine Schwester am Leben und hol deinen Kita-Rucksack«, sage ich.

Also bringe ich den protestierenden Ben zum Kindergarten. Auf dem Rückweg treffe ich Bauer Hansen, der im Blaumann in seiner Hollywoodschaukel sitzt und die erste Frühlingssonne genießt.

»Tach! Ich sehe, bei Ihnen tut sich endlich was!«, sagt er und lüpft die Schiebermütze.

»Ja, endlich. Wir konnten es ja selber kaum noch erwarten!«, lüge ich.

»Wenn Sie oder Ihr Mann Hilfe brauchen … ich hab ja viel Zeit, seit meine Frau tot ist.«

»Äh, ja. Wir kommen bestimmt gern drauf zurück, danke!«, sage ich und marschiere weiter den Wendehammer hinauf.

Vor unserer Garage steht mein Mann, der sich inzwischen eine alte Jeans angezogen und unseren Werkzeugkoffer aus der Garage geholt hat und noch etwas ratlos auf die diversen Fragmente schaut, die durch die Kraft seiner Hände zu einem Zaun werden sollen.

»DU wolltest es so«, sage ich. »Schau doch einfach mal in die Aufbauanleitung.«

»Spar dir deine blöden Sprüche und leg los mit deinem Gartenparadies. Bin gespannt, wer von uns beiden schneller die Nerven verliert.«

Die Wette gehe ich gern ein. Und ich gewinne sie schneller als gedacht. Denn kaum habe ich den armen Pupsi ins Haus gesperrt, mir Hannah in der Babytrage auf den Rücken geschnallt, mir die Harke geschnappt, um unsere Baustellenbrache hinterm Haus in eine einigermaßen steinfreie, ebene Fläche zu verwandeln, höre ich meinen Mann »Verdammte Scheiße!« brüllen.

»Wette gewonnen!«, rufe ich zurück, gehe aber doch

mal nachsehen, was meinen tapferen Handwerkergatten denn nun derart bekümmert.

Da steht er, mit der Zaunbauanleitung in der Hand und sagt fassungslos: »Einbetonieren! Man muss das alles einbetonieren. Ich dachte, man kloppt da einfach die Pflöcke in die Erde. Ich muss noch mal los und Beton kaufen. Und Kies. Und einen Bottich und einen Bohrmaschinenquirl.«

»Ganz ruhig, Brauner, das schaffst du schon«, sage ich aufmunternd, als mein Mann hektisch die Bauanleitung einpackt und ins Auto springt. Doch mein Triumpfgefühl hält nicht lange, denn Herr Liebmann tritt aus seinem Haus, steuert direkt auf mich zu und zieht dabei ein ernstes und bekümmertes Gesicht, als müsse er in einer dieser kitschigen Rosamunde-Pilcher-Verfilmungen der tapferen Heldin die Nachricht vom Tod ihrer großen Liebe überbringen.

»Liebe Nachbarin, wir müssen über die Hecke reden.«

»Ja?«

»Ja. Sie muss geschnitten werden. Von beiden Seiten. Es ist Ihre Hecke und sie steht auf Ihrem Grundstück, doch die Zweige ragen über die Grundstücksgrenze und sind eine Gefahr für meine Töchter. Sie könnten sich daran verletzten.«

»Oh, okay. Ich dachte, die Hecke IST die Grundstücksgrenze und jeder schneidet sie von seiner Seite.«

»Ja, da haben Sie falsch gedacht. Ich möchte Sie bitten, sich möglichst bald darum zu kümmern, damit meine beiden Mädchen wieder unbeschwert im Garten spielen können.«

Keine Ahnung, welche Todesgefahr von einer Buchenhecke für die beiden Püppies ausgehen könnte, aber ich verspreche, mich ganz bald darum zu kümmern.

»Ja, bitte besprechen Sie doch mit meiner Frau einen Termin, wann es am besten passt.«

»Wieso das?«, frage ich keck. »Warum muss ich mit Ihrer Frau absprechen, wann ich von MEINEM Grundstück aus MEINE Hecke schneiden kann?«

»Weil Sie UNSER Gründstück passieren müssen, um an diesen Teil IHRES Grundstückes zu kommen. Nichts für ungut und einen schönen Tag noch.«

Ja, von wegen, nichts für ungut. Die Hecke muss warten. Da müssen sich die lieben »Kleinis« eben noch ein bisschen drinnen beschäftigen (Seidenmalerei, Salzteig, Bügelperlen), wenn es draußen zu gefährlich für sie ist. Ich habe eine Scholle zu beackern!

In den nächsten Stunden schufte, fluche und schwitze ich wie eine Irre. Ich harke den Boden, streue Sand und Humus ein, begradige, harke noch mal, streue Grassamen aus und planiere alles mit der Gartenwalze. Zwischendurch kümmere ich mich um Hannah, die überhaupt keine Lust hat, stundenlang auf meinem Rücken festgeschnallt zu sein oder mir von ihrer Babywippe aus bei der Gartenarbeit zuzusehen und die nur Ruhe gibt, wenn ich sie abwechselnd auf meinem Schlüssel oder meinem Telefon herumkauen lasse.

Pupsi nutzt die Zeit allein in unserem Haus, um den Mülleimer umzuschmeißen und den Inhalt nach Ess- und Zerfledderbarem zu durchsuchen, wälzt sich unerlaubterweise ausgiebig auf unserem Sofa und nagt einen meiner neuen Schuhe kaputt. Und schließlich ist da ja auch noch Ben, den ich am Nachmittag nach erfolgreicher Arbeit wieder von der Kita abholen muss. Das könnte natürlich auch sein Vater machen, aber der ist mit seinem »Projekt Gartenzaun« noch nicht sehr weit gekommen. Stattdessen sitzt er versunken inmitten eines Haufens aus Brettern, Schrauben, Scharnieren und Zementsäcken in unserer Garagenauffahrt und »muss sich gerade ganz doll konzentrieren«, kann also unmöglich jetzt eine Pause einlegen. Außerdem verbittet er sich mein triumphierendes Grinsen und erst recht die Frage, was er denn eigentlich in den letzten Stunden so gemacht habe.

»Ist der Zaun schon fertig? Darf ich Papa beim Bohren helfen? Und der Rasen? Ist der schon da? Bekomme ich jetzt ein Trampolin? Mama? Kann ich was mit der Walze platt machen? Mama?« Ben hopst aufgekratzt neben mir herum auf dem Weg nach Hause und ich verspreche ihm, dass er noch ganz viel helfen kann mit dem Zaun, denn ich glaube nicht, dass sein Vater bislang über den Punkt »Überprüfen Sie die Vollständigkeit des Materials« in der Aufbauanleitung hinausgekommen ist.

Tatsächlich sitzt mein Liebster noch immer genauso versunken inmitten seines Baumaterials wie vor einer Dreiviertelstunde und starrt vor sich hin.

»So wird das nichts, junger Mann«, sagt Bauer Hansen schließlich, der offenbar schon eine ganze Weile auf dem Gehweg vor unserem Haus steht und meinem Mann beim Nicht-Handwerkern zuschaut.

»Papa, du hast auf mich gewartet? Du hast noch gar nicht angefangen? Cool!«, schreit Ben.

»Ich helfe Ihnen. Ich habe in meinem Leben schon viele Zäune gebaut, und allein soll man so was ohnehin nicht machen«, sagt Hansen. »Jetzt holen Sie mir mal Schnur, eine Winkelwasserwaage, ein paar Kanthölzer, eine Stichsäge und einen gescheiten Spaten – das sehe ich da nämlich alles nicht in Ihrem Haufen.«

»Das können Sie auch nicht sehen, weil ich so was alles gar nicht habe«, sagt mein Mann zerknirscht. »Welcher normale Mensch besitzt eine Winkelwasserwaage?«

»Na, ich kümmer mich mal«, sagt Hansen, marschiert schnurstracks rüber zum Blockhaus und kommt nach einigen Minuten mit Blockhaus-Dany, dessen Sohn Jack und einem Beutel voller Werkzeuge zurück.

»Jo, na dann mal los«, ruft Blockhaus-Dany und reibt sich die Hände, so als hätte er schon die ganze Zeit nur darauf gewartet, endlich mithelfen zu können.

Ich verziehe mich mit Pupsi und Hannah ins Haus und spähe nur ab und zu durchs Küchenfenster – und sehe Hansen und Blockhaus-Dany mit großer Routine eine Richtschnur spannen, dann einen glücklichen Ben zusammen mit Jack die Gruben für die Zaunpfeilerfundamente ausheben. Benni-Papa ist weiterhin vertieft in die Aufbauanleitung und kommt nur ab und zu ins Haus, um neues Bier aus dem Kühlschrank zu holen.

»Und? Läuft's?«, frage ich vorsichtig.

»Klar, läuft. Hab alles im Griff«, sagt mein Mann.

Und tatsächlich steht bis zum frühen Abend ein perfekter Zaun vor unserem Haus, der rechts und links sauber mit der Buchenhecke abschließt. Eine echte Gemeinschaftsaktion, an der der ganze Wendehammer Anteil genommen hat: Blockhause-Samy kam zwischendurch vorbei, um ein paar Hot-Dogs zu reichen, die Königskinder Charlotte und Jonathan durften heimlich mal den Akkuschrauber und die Stichsäge ausprobieren, ohne dass ihre Mutter das hätte verbieten können. Frau Liebmann, die damit beschäftigt war, die letzten Zierkürbisse von den Fensterbänken ihrer Schwedenhütte zu räumen, um Platz für Primeltöpfchen zu machen, hatte gleich ein paar Tipps für mich, wie ich den neuen Zaun »ganz süß beranken lassen« kann. Nur Koi-Kerstin bemerkte etwas säuerlich, dass sie uns ja zu einem weniger geraden Zaunverlauf geraten hätte, Friesenoptik zum Beispiel, da unser Haus energetisch doch ohnehin schon ein Problemfall sei. Ich musste versprechen, beim Anlegen der Beete und beim Platzieren größerer Natursteine vorher ihren Rat einzuholen, um weiteren Schaden zu vermeiden.

Am Abend sitzen wir völlig erledigt am Küchentisch und bilanzieren.

»Ich bin ein Versager!«, sagt Benni-Papa. »Ich kann nicht mal Beton anmischen. Ich musste mir heute von unserem sechzehnjährigen Nachbarsjungen die Stichsäge aus der Hand nehmen lassen, um mich nicht selbst zu verletzen. Ich wollte meinem Sohn beweisen, dass ich in der Lage bin, einen Zaun zu bauen. Dabei habe ich von den meisten in der Bauanleitung aufgeführten Werkzeugen noch nie etwas gehört.«

»Sei nicht traurig. Du hast andere, ganz wunderbare Talente. Hauptsache, das Ding steht und Pupsi kann uns nicht mehr ständig abhauen. Und war es nicht irre, wie selbstverständlich alle mitgeholfen haben? Die ganze Nachbarschaft? Das wäre uns in der Stadt doch nie passiert. Also ich war irgendwie … gerührt.«

»Ja, ganz rührend. Für mich war es demütigend. Ich weiß nicht, ob ich wirklich der geborene Hausbesitzer bin.«

»Du hast ja immer noch mich«, sage ich. »Und ich finde, dass ich jetzt mal ein dickes Sonderlob verdient habe, denn ich habe heute den kompletten Rasen hinter dem Haus angelegt. Und mich noch um Kinder und Hund gekümmert.«

»Apropos Hund. Wo ist der eigentlich?«, fragt mein Mann.

O verdammt! Ich weiß genau, wo Pupsi ist. Und obwohl ich mich eigentlich kaum noch rühren kann, springe ich sofort von meinem Stuhl auf und hechte in Richtung Wohnzimmer. Vorhin, als unser Hund mit seinem Herrchen noch eine letzte Gassirunde unternommen hat, hatte ich im Wohnzimmer die Schiebetür zur Terrasse geöffnet, um selbstzufrieden auf die ebenmäßige, perfekt geharkte Fläche zu schauen, die in wenigen Wochen ein sattgrüner Rasen werden würde – vorausgesetzt, wir würden es schaffen, Kinder und Hund vom Betreten dieser Fläche abzuhalten. Denn keimender Rasen verträgt weder Füße noch Pfoten, wie jede Hobby-Gärtnerin weiß. Dann hatte ich die Terrassentür noch ein bisschen offen stehen lassen, zum Lüften, und als Hund und Herrchen nach Hause kamen, habe ich vergessen, sie wieder zu schließen.

Ich stürze also ins Wohnzimmer zur offenen Tür und sehe einen schwarzen Hundehintern mit wild wedelndem Schwanz aus einem von mehreren frisch gebuddelten Löchern ragen. Ich höre wollüstiges Schnauben, denn der Geruch von Mäusen, die in Todesangst durch einstürzende, von Hundepfoten zerstörte Tunnelsysteme flitzen, bringt unseren Labrador ganz besonders in Wallung.

»Pupsi! AUS!«, schreie ich verzweifelt, doch es ist zu

spät. Meine frisch eingesähte Rasenfläche ist eine von Buddellöchern durchpflügte Kraterlandschaft. Pupsi hält kurz inne, zieht den Kopf aus dem Loch, schüttelt sich die Erde von der Schnauze und flitzt ums Haus herum. Ich komme gerade noch rechtzeitig hinterher, um zu sehen, wie unser Hund mit einem großen Satz scheinbar mühelos über den frisch errichteten Zaun hüpft und in der Dunkelheit des Wendehammers verschwindet.

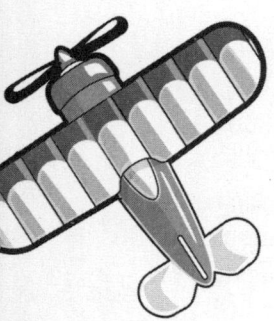

Frühlingsgefühle

Wie Vorstadtbewohner
die Paarungszeit bewältigen

Wir müssen über Sex reden. Und am besten fange ich gleich mal bei mir selber an: Schwere körperliche Gartenarbeit sowie die Verzweiflung über ihre Vergeblichkeit sind Gift für die Libido. Pupsis Buddelattacke auf meinen frisch angelegten Rasen hat mich in eine tiefe Krise gestürzt, unter der die gesamte Familie zu leiden hat, denn meine Laune ist seitdem – sagen wir mal – bescheiden. Und mein Bedürfnis nach ehelicher Zuwendung schon allein wegen des höllischen Muskelkaters absolut inexistent.

»Ich habe mir was überlegt, Schatz. Du musst den Rasen nicht noch mal machen. Wir legen Rollrasen. Das heißt: Wir lassen Rollrasen legen. Der muss auch nicht so lang anwachsen.«, sagt mein Mann.

»Zu teuer.«, erwidere ich grimmig.

»Sooo teuer nun auch wieder nicht. Ich schlage vor, wir verzichten dafür auf den Sommerurlaub und gehen vielleicht nur ein paar Tage mit den Kindern zelten, anstatt irgendwo hinzufliegen.«

»Du würdest deinen geliebten Mallorca-Urlaub für profanen Rollrasen opfern? Keine Touren mehr durchs ach so reizvolle Hinterland? Keine Finca? Und ich dachte, du hasst Campingplätze?«

»Vor allem hasse ich deine schlechte Laune. Und ich würde noch viel mehr als einen Mallorca-Urlaub opfern, wenn ich dafür Bett und Tisch nicht mehr mit Tyrannia van Mosermotz teilen müsste, sondern meine Frau wiederbekäme.«

Wenige Tage später darf ich von einem Liegestuhl auf der Terrasse aus dabei zusehen, wie zwei knackige junge Männer perfekten Rollrasen in unserem Garten verlegen, sattgrün und dicht wie auf einem Golfplatz. Schlagartig ist meine schlechte Laune verflogen, und weil mein Sohn ein echtes Ass ist, wenn es darum geht, günstige Gelegenheiten zu erahnen, fragt er mitten in meine neuerwachte Garteneuphorie hinein:

»Mama? Bekomme ich ein Trampolin?«

»Nein.«

»Bitte, Mama. Alle in der Kita haben ein Trampolin im Garten.«

»Zu teuer, Ben.«

»Oma hat gesagt, sie schenkt mir eins.«

»Na dann, meinetwegen.«

Ben, der sonst nur widerwillig mit seinen Großeltern telefoniert, flitzt sofort zum Telefon, findet die richtige Kurzwahltaste und brüllt: »Ich darf, Oma, ich darf!«

»Ach, ein Trampolin? Ist ja toll. Meine Kleinis möchten auch eins, aber ich finde, die Dinger passen einfach nicht in unseren Naturgarten«, säuselt Frau Liebmann, der ich von unserer neuesten Anschaffung erzähle, während ich von ihrer Seite aus unsere Hecke schneide. Passen Trampoline überhaupt in irgendeinen Garten? Das Monstrum, das Paket-Simon zwei Tage nach Bens Anruf bei seiner

Oma vor unsere Tür wuchtet, würde maximal in einem Freizeitpark nicht überdimensioniert wirken.

»Schönen Dank auch, Mutter! Warum hast du ihm nicht gleich auch noch eine kleine Achterbahn und einen privaten Autoscooter bestellt?«, schimpfe ich am Telefon.

»Du hast es doch erlaubt. Ich habe ihm gesagt, er muss dich vorher fragen.«

»Ich habe ein Trampolin erlaubt, nicht ein XXL-Trampolin!«, motze ich in den Hörer.

»Dann lerne endlich, dich besser auszudrücken«, motzt meine Mutter zurück.

Ben jedenfalls ist seelig. Schon seit einer Stunde hopst er wie entfesselt auf seinem Trampolin herum, während ich in Frau Liebmanns »Naturgarten« stehe und unserer Hecke zu Leibe rücke. Immer, wenn sein blonder Lockenkopf über den Heckenrand schaut, streckt er den beiden Zwillingsmädchen die Zunge raus, was die beiden mit genervtem Augenrollen erwidern.

»Habt ihr eure Gänseblümchenkränze schon fertig, ihr beiden Schatzis? Ja? Na, dann pflückt doch auch noch einen kleinen Blumenstrauß für den kleinen Benni, der freut sich doch bestimmt«, sagt Frau Liebmann. »Und für Bennis Mama mach ich jetzt gleich noch ein bisschen frische Limonade, damit sie sich mal ausruhen kann von der schweren Gartenarbeit.«

So sitze ich also nach getaner Arbeit an einem sehr langen Holztisch unter einem Baum, in dem bunte kleine Lampions baumeln, so als wäre hier gerade eine schwedische Landhochzeit gefeiert worden. Frau Liebmann schenkt Limonade in zwei Gläser, flötet »Und jetzt sagen wir aber Du zueinander, ja?« und setzt sich mit einem wohligen Seufzer auf die Holzbank: »Ich bin die Susi.«

»Schön, so ein langer Tisch«, sage ich. »Sieht aus, wie aus so einem Werbefilm für französischen Streichkäse.«

»Ach, findest du?«, sagt Susi Liebmann und klatscht freudig in die Hände. »Ja, es ist wirklich immer so schön, wenn alle unsere Freunde vorbeikommen zum Brunchen. Jeder bringt etwas mit, die Kinder hüpfen über die Wiese. Es wird ja immer so viel gelacht bei uns«, sagt sie und schaut verträumt.

»Tja, ich muss sagen, unsere Freunde kommen eigentlich fast gar nicht mehr vorbei, seit wir hier draußen wohnen. Ist den meisten einfach zu weit, der Weg aus der Stadt«, sage ich.

»Och, ich kann dir gerne mal zeigen, wie man mit ein paar gepressten Blumen und etwas Büttenpapier ganz süße Einladungskärtchen bastelt. Also letztes Jahr … nein, vor zwei Jahren … da hatten wir so einen schönen Brunch mit all unseren Freunden. Hat dann leider geregnet und wir konnten nicht hier draußen am großen Tisch essen, aber drinnen war das auch sehr schön.«

Wir schweigen eine Weile. Dann seufzt Susi Liebmann, schaut mir tief in die Augen und fragt: »Ist denn bei euch alles in Ordnung zu Hause?«

»Bei uns? Ja klar. Warum?«

»Ach, eure Vorgänger hatten in diesem Haus ja diesen entsetzlichen Ehekrach, es war furchtbar. Nur Geschrei, ich konnte meine beiden Kleinis ja kaum noch im Garten spielen lassen.«

»Aha.«

»Ja, und bei Karsten und Kerstin, da ist ja auch schon

lang der Wurm drin. Sie will unbedingt ein Baby, aber er hat nur seine Fische im Kopf.«

»Aha.«

»Und habt ihr schon das von den Königs gehört? Er soll ja mit seiner Sekretärin … Seitdem trägt die König nur noch Pelz und trinkt zu viel. Und da drüben im Blockhaus – also die lassen ja kaum die Finger voneinander. Ich glaube ja, sie kommt aus – na du weißt schon: dem Milieu …«

»Aha. Interessant. Aber ich kann dich beruhigen, bei uns ist soweit alles in Ordnung.«

»Na, ich frage ja nur, weil es hier nun niemandem entgangen ist, dass du gern im Internet bestellst und da drängt sich natürlich die Frage auf, ob das ein klitzekleines bisschen was mit Simon zu tun hat«, sagt Susi Liebmann mit verschwörerischem Lächeln und schenkt Limonade nach.

Ahhh, daher weht der Wind. »Nein keine Sorge, ich kann dich beruhigen, ich schlafe nicht mit dem Paketboten. Wir haben nur kein zweites Auto, deshalb bestelle ich viel online. Und ihr? Bei euch auch alles in Ordnung?«, frage ich betont freundlich zurück.

»Bei uns?«, Susi Liebmann schaut mich an, als hätte ich gefragt, ob in ihrem Haus Katzenbabys geschlachtet werden. »Ja, aber natürlich ist bei uns alles in bester Ordnung. Ganz wunderbar. Ich bin ja immer noch so verliebt in meinen Schatzi, wie am ersten Tag. Er ist ein toller Mann. Und nach der Geburt von Lisi und Lotti ist es bei uns immer nur noch schöner und harmonischer geworden. Er kuschelt ja genauso gern wie ich und …«

»Äh ja, vielen Dank für die Limonade und das nette

Gespräch, ich muss wirklich wieder rüber und meinen Sohn vom Trampolin holen, sonst bekommt der noch ein Schleudertrauma.«

»Tschüssi«, winkt Susi Liebmann zum Abschied. »So schön, dass wir mal in Ruhe geplaudert haben.«

Ich denke, es ist an der Zeit, mir einzugestehen, dass ich diverse Aspekte am Leben in der Vorstadt romantisiert habe. Gartenarbeit gehört definitiv dazu. Aber auch die Illusion, hier im Speckgürtel gäbe es mehr Privatsphäre als in der Stadt, und man müsse mit den Nachbarn nur so viel zu tun haben, wie man selber gern möchte. Gerade jetzt im Frühling, da bei Mensch und Tier die Hormone wallen, scheint es ein verschärftes Interesse am Treiben in der Nachbarschaft zu geben. Frau König jedenfalls warnt mich am Altglascontainer eindringlich vor allzu engem Kontakt mit den Blockhaus-Bewohnern.

»Dass sie eine Schlampe ist, sieht man ja schon an ihrem nicht vorhandenen Stil. Und dieser Sohn! Neulich habe ich meinen beiden Kindern erlaubt, eine halbe Stunde zu ihm rüberzugehen, weil ihnen der Jack unbedingt was zeigen musste. Was glauben Sie, was das war?«

»Keine Ahnung. Sein Waffenarsenal?«, frage ich unschuldig.

»Viel schlimmer: Nacktbilder! Im Internet! Können Sie sich vorstellen, wie verstört meine Kinder waren?«

»Allerdings«, sage ich.

»Und jetzt noch das mit Hansen«, sagt Frau König. »Ich habe gehört, er bekomme Kataloge. Mit Frauen. ASIATISCHEN Frauen.«

»Hansen sucht eine neue Frau? Per Katalog?«, frage ich, jetzt doch interessiert. »Ich dachte, das macht man heute per Internet.«

»Jetzt stellen Sie sich vor, wenn hier demnächst noch so eine kleine thailändische Nutte in der Nachbarschaft wohnt. Versaut doch total die Gegend. Und den Wert unserer Grundstücke«, schimpft Frau König und versenkt Sektpulle um Sektpulle im Altglascontainer.

Soll bloß noch mal einer sagen, hier im Speckgürtel wäre nichts los. Sodom und Gomorrha so weit das Auge reicht. Ich überprüfe vorsorglich, wie blickdicht unsere Vorhänge sind, denn die nachbarschaftliche Anteilnahme an unserem Leben macht mir ein wenig Sorgen.

»Du siehst das völlig falsch«, sagt mein Mann. »Wir sollten uns nicht verstecken, wir sollten denen ordentlich was bieten. Fenster und Vorhänge weit auflassen, vor allem beim Sex oder wenn wir uns streiten.«

»Geht nicht, da bekommen wir nur Ärger mit Koi-Karsten«, erwidere ich. »Und das ist ganz schlecht für's Karma.«

O ja, Koi-Karsten hat ein massives Problem mit dem Krach, der von unserer Familie ausgeht, beziehungsweise mit unserer »Geräuschkultur«, wie er es nennt. Und vor allem hat er ein Problem mit Bens Trampolin. Bei Fünfjährigen liegen Liebe und Hass ja noch immer sehr nah beieinander, was man schon daran erkennen kann, dass mein Sohn geradezu manisch die beiden Liebmann-Mädchen beobachten muss. Und das geht am besten auf dem Trampolin hüpfend, denn so kann er immer gerade lang genug über die Hecke schauen, um seinen beiden Lieblingsfeindinnen die Zunge rauszustrecken. Außerdem hat unser neues Gartenaccessoire eine magische Anziehungskraft auf die Königskinder, die nun ab und zu zum Hopsen vorbeischauen – bis Frau König sie wieder einsammelt, damit noch genug Zeit bleibt zum Oboe-Üben. Das Trampolin ist also im Dauereinsatz und deshalb wurde ich vor kurzem auf einen Tee nach nebenan in den Tempel der Sanftmut eingeladen.

»Es ist schön, wie viel Lebensfreude deine Kinder ausstrahlen«, säuselt Koi-Kerstin über das Plätschern des Zimmerspringbrunnens hinweg, während sie Hannah hinterherschaut, die sich krabbelnd in Richtung einer der vielen sitzenden Buddha-Statuen bewegt.

»Aber es ist so: Es ist gerade Laich-Saison, eine hochsensible Zeit für die Kois«, sagt Koi-Karsten. »Und die Erschütterungen durch das Trampolin sind … ich will mal so sagen … schwierig für die Fische. Mal ganz abgesehen vom Lärm.«

»Es sind ja sehr sensible und wirklich ganz besondere Wesen«, sagt Koi-Kerstin.

»Das sind meine Kinder auch«, sage ich ungerührt. »Und ich verstehe nicht, warum die nicht in unserem Garten auf dem Trampolin rumhüpfen dürfen.«

»Dürfen sie, dürfen sie!«, beschwichtigt Koi-Karsten. »Aber schau, gerade jetzt laichen meine Weibchen, eine für mich als Züchter ganz entscheidende Zeit. Alles muss perfekt sein, die Wassertemperatur, das Futter, die Atmosphäre. Und Lärm ist purer Stress für die Fische, ebenso die konstante Bodenerschütterung, die von eurem Trampolin ausgeht. Kinderlärm und erfolgreiche Paarung – das geht einfach nicht zusammen.«

Ach was, denke ich, eine erfolgreiche Paarung ist in der Regel vielmehr der Ursprung allen Kinderlärms!

Hannah ist hinter dem Rücken unserer Gastgeber gerade dabei, dem freundlich lachenden Buddha mit der flachen Hand auf den kahlen Kopf zu hauen.

»Vielleicht könntest du die Fische einfach mit beruhigenden Walgesängen beschallen, dann hören sie meine Kinder nicht so«, schlage ich vor. »Ich fürchte nämlich, ich kann euch nicht helfen. Wir sind ja hier raus gezogen, DAMIT die Kinder draußen spielen und Lärm machen können. Das kann und will ich ihnen wegen ein paar sensiblen Goldfischen nicht verbieten. Und wenn ich es täte und meine Brut den ganzen Tag im Haus festhalten würde, hätte das wiederum fatale Auswirkungen auf MEINEN Stresspegel und MEIN Paarungsverhalten.«

Kurze Stille am Tischchen aus Teakholz, wir nippen alle drei an unseren Schälchen mit grünem Tee und aus den Augenwinkeln beobachte ich Hannah dabei, wie sie vom Buddha ablässt und auf eine große Klangschale zusteuert, die in einer Ecke des Zimmers steht. Ich müsste dringend mal pinkeln, das Plätschern des Zimmerspringbrunnens löst bei mir akuten Blasendruck aus, doch Koi-Karsten kommt mir zuvor, entschuldigt sich mit einer kleinen Verbeugung und schwebt aus der Tür in Richtung Bad.

»Ich verstehe dich ja«, flüstert Koi-Kerstin, als ihr Mann aus der Tür ist. »Wirklich, ich liebe Kinder. Aber Karsten ist gerade so unglaublich nervös wegen der Fische. Die letzten Jahre waren so schwierig, erst der Baulärm nebenan, dann dieser furchtbare Ehestreit eurer Vorgänger und jetzt ihr … Es wäre so wichtig für sein Prestige als Züchter, dass es diesmal klappt und die Jungtiere wirklich hochwertig werden, verstehst du? Er schläft gerade schlecht, hat ständig Hunger, ist total unentspannt, kann nicht mehr meditieren. Es ist für ihn fast wie eine Schwangerschaft.«

Bei diesen letzten Worten wird Kerstins Stimme ganz brüchig und sie muss schnell den Blick senken und noch ein wenig Tee nachgießen. Au weia, eine Frau mit unerfülltem Kinderwunsch und ein Mann im Laichstress, da wird sogar mein Herz ein bisschen weich. Als Koi-Karsten wieder an seinem Platz sitzt, schlage ich einen Kompromiss vor:

»Wir begrenzen die Hüpferei auf zwei Stunden am Nachmittag, solange die Fische laichen. Dafür hängt ihr euer Bambuswindspiel ab, mich macht dieses Kalonk-Kalonk nämlich wahnsinnig, vor allem nachts. Deal?«

Hannah hat inzwischen herausgefunden, wie man den Klangschalenschlegel mit größtmöglichem Effekt zum Einsatz bringt, und das laut scheppernde DONG DONG DONG erleichtert die Kompromissfindung ungemein. Koi-Karsten ruft über den Krach hinweg noch »Windspiel gegen Trampolin: abgemacht!«, ich winde Hannah den Klangschalenholzklöppel aus den Fingern und flüchte zurück in mein eigenes Haus. Kann mir keiner erzählen, dass bei Koi-Karsten und Koi-Kerstin besseres Chi fließt als bei uns unterm blauen Dach!

Es kehrt also ein wenig mehr Ruhe ein auf unserer Seite des Wendehammers. Kein Kalonk-Kalonk mehr von den Nachbarn, kein stundenlanges Kwi-Boing-Kwi-Boing mehr von unserem Trampolin. Nur Ben ist unglücklich, dass er ein paar Wochen lang nur für wenige Stunden am Tag hopsen und die Liebmannmädchen ärgern darf.

»Kann ich dann rüber zu Jack, Mama? Der hat auch ein

Trampolin, das ist sogar noch größer als meins«, bettelt Ben. Daran habe ich keinen Zweifel. Bei unseren Wild-West-Fans von nebenan ist sowieso alles eine Nummer größer. Allerdings hat Jack aktuell ganz offenbar eine Freundin, denn ich sehe ihn sehr häufig mit einem hübschen Pferdeschwanz-Mädchen von der Schule nach Hause kommen. Und da ist Besuch von einem fünfjährigen Nachbarskind mit Langeweile wirklich das letzte, was man als Teenie gebrauchen kann.

»Ach, schick ihn ruhig vorbei«, sagt Blockhaus-Samy, als ich ihr bei einem Gartenzaunplausch von Bens akutem Trampolin-Neid berichte. »Jack macht das nichts aus, der Junge ist ja so verklemmt, ich weiß wirklich nicht, was das noch werden soll.«

»Verklemmt? Wie meinst du das?«

»Na, er gibt doch diesem Mädchen Englisch-Nachhilfe. Und glaubst du, da würde mal was laufen?«

»Ach, ich dachte, das wäre seine Freundin?«, sage ich verblüfft.

»Das wäre sie gern. Ich bin mir sicher, die schreibt absichtlich schlechte Noten, damit sie endlich an ihn rankommt, aber mein armer Sohn kapiert das nicht. Versucht nicht mal, sie zu küssen. Die sitzen den ganzen Nachmittag bei uns in der Küche rum und pauken tatsächlich Englischvokabeln. Das arme Mädchen!«

»Ist doch ganz süß, dass Jack nicht so der Draufgänger ist«, sage ich zaghaft.

»Süß? Oh, glaub mir, an einem Teenager mit Hormonstau ist überhaupt nichts süß. Den ganzen Tag Internetpornos gucken, aber zu schüchtern sein, um mit einer Gleichaltrigen rumzumachen – das ist doch nicht gesund!«

Armer Jack, denke ich. Obwohl, wer weiß: Vielleicht ist das auch eine Form der Rebellion gegen seine Eltern, die ganz offenbar ein sehr gesundes Sexleben haben.

»Apropos gesunder Sex«, druckst Benni-Papa, als ich ihm an einem Samstagabend von all den Liebesirrungen und Wirrungen des Wendehammers berichte. »Ich glaube, mir ist da was Dummes passiert. Als du heute Nachmittag beim Einkaufen warst, kam dein DHL-Adonis und hat Pakete gebracht.«

»Und?«, frage ich alarmiert. »Du warst doch hoffentlich nett zu ihm?«

»Natürlich Schatz, ich bin immer nett zu deinem Simon, keine Sorge. Aber ich habe die Pakete aufgemacht. Alle. Und eines davon war gar nicht für uns, sondern für Herrn Liebmann. Da hat sich dein Simon offenbar vertan, denn die Liebmanns waren zu Hause. Er hat das Päckchen also unabsichtlich bei uns gelassen.«

»Na, macht doch nichts. Kleben wir es wieder zu, bringen wir es ihnen vorbei und tun so, als wäre nichts gewesen.«

»Das geht leider nicht. Pupsi hat den Karton zwischen die Zähne bekommen, der ist nicht zu retten. Und der Inhalt ist, sagen wir mal: pikant.«

»Pikant?«, frage ich. »Pikant im Sinne von: herzhafte Gewürzmischungen für die Landhausküche?«

»Nein, ich spreche von Sadomaso-Zeugs. Einer Peitsche, diversen Tauen, einer Ledermaske und so Klemmdingern.«

»Klemmdingern?«

»Ja komm, frag nicht«, sagt mein Mann und schüttelt sich. »Kannst es dir ja anschauen, wenn du magst. Ich habe einen Riesenschreck bekommen, weil ich dachte DU hättest das bestellt.«

»Irre. Das ist ja der Wahnsinn«, sage ich verblüfft und versuche mir gerade vorzustellen, dass unter dem adretten, niedlichen Schwedenhäuschen ein privater kleiner Folterkeller existiert. »Und was machen wir jetzt damit?«

»Wir können denen das Zeug unmöglich vorbeibringen. Wie gesagt, ich war ehrlich erschrocken und habe gar nicht gemerkt, das Pupsi den Karton und Hannah den Inhalt in die Finger bekommen hat. Der Karton ist futsch, die Maske hat ein paar Bissspuren abbekommen und die Lederpeitsche ist voller Möhrenbrei, ich war ja eigentlich gerade am Füttern, als dein Päckchenprinz geklingelt hat.«

»Okay, das heißt, wir können die Sachen nicht einfach heimlich zurückschicken. Aber wir können sie auch nicht behalten. Das ist doch Diebstahl«, sage ich.

»Schon, aber wäre es nicht viel schlimmer für die Liebmanns, wenn wir ihnen das Zeug vorbeibringen und sie dann wissen, dass WIR wissen, was sie im Bett treiben? Außerdem war das ganze ja an IHN adressiert. Vielleicht weiß seine Frau gar nichts davon. Vielleicht wollte er sie damit ja … überraschen? Oder er hat eine Affäre mit einer anderen?«

»Hmm, und jetzt?«

»Ich schlage vor, wir lassen das alles verschwinden und sprechen nie wieder darüber. Liebmann wird glauben, das Paket sei in der Post verloren gegangen und den Kram einfach neu bestellen. Und wir haben mit der Sache nichts zu tun.«

Und so machen wir es dann. Wir packen das ganze

Lack- und Ledergedöns mit viel Gekicher in eine blick-dichte Plastiktüte und schleichen uns am späten Abend vor die Haustür, um das Ganze in unserer Restmülltonne zu versenken.

»Wir hätten das Zeug ja auch vergraben können, so wie Hansens Truthahn«, gackere ich, als wir nach getaner Arbeit noch ein wenig in unserer Garagenauffahrt stehen und den Sternenhimmel betrachten.

»Toller Plan«, sagt mein Mann. »Und was, wenn Pupsi die Tüte wieder ausbuddelt? Und dann hier statt mit dem Truthahnkadaver mit der Peitsche im Maul zu den Königs rüberflitzt?«

»Tach«, sagt da eine uns wohlbekannte Stimme. »Freut mich zu hören, dass Ihr Hund Spaß an meinem Weihnachtsgeschenk hatte!«

Hansen steht im matten Schein der Straßenlaterne an unserem Gartenzaun und tippt sich zum Gruß an die Mütze.

»Wollte mal schauen, ob Sie noch wach sind. Ich bräuchte mal Ihre Hilfe.«

»Na, aber gern Herr Hansen, worum geht es denn?«, fragt mein Mann in jovialem Ton.

»Internet. Ich brauch jetzt Internet«, sagt Hansen. »Ich suche eine Frau, und man sagte mir, das ginge heutzutage am besten im Internet. Aber ich kenne mich da ja gar nicht aus.«

»Uh, mit Frauen im Internet kenne ich mich auch nicht aus«, sagt mein Mann entschuldigend.

»Na kommen Sie, ich habe Ihnen neulich bei Ihrem Zaun geholfen und jetzt brauche ich Ihre Hilfe. Sie wollen einen alten, einsamen Mann doch nicht hängen lassen.«

»Naja, wissen Sie, fürs Online-Shopping ist eigentlich meine Frau zustän...«

»Aber gern wird er Ihnen helfen, mein Mann«, sage ich zu Hansen, während ich meinem Gatten den Ellenbogen in die Rippen ramme. »Aber seien Sie vorsichtig, bei der Frauensuche im Internet wird viel betrogen.«

»Na und? Im echten Leben doch auch, was macht das für einen Unterschied?«, sagt Hansen, tippt sich wieder an die Mütze und schlurft in die Dunkelheit davon.

Leben, sterben und streiten

Neues aus der Krabbelgruppe

Bei so viel Paarungsstress in der Nachbarschaft freue ich mich ganz besonders auf meinen wöchentlichen Termin mit der Blumfelder Krabbelgruppe. Dort spielt das Thema Sex aktuell überhaupt keine Rolle, was daran liegen mag, dass der Frühling nun auch den polyamoren Biobauern auf seinen Acker zwingt und damit das Projekt »Begegnungsstätte für alternative Lebens- und Liebesformen« erstmal in den Hintergrund getreten ist. Ist mir ohnehin schleierhaft, wie man neben der Renovierung eines baufälligen Bauernhofes, dem Anbau von Gemüse und der Sorge um ein Kleinkind auch noch Sex haben soll und das gleich noch mit mehreren Personen …

»O Mann, wie oft soll ich das eigentlich noch erklären. Polyamorie dreht sich nicht nur um Sex«, sagt Mister Polyamor genervt, als ich meine Zweifel laut äußere. »Müssen wir schon wieder darüber reden?«

Nein, müssen wir nicht. In den letzten Wochen haben wir ja auch schon über lauter andere Dinge geredet, denn jeder durfte mal vortragen, was ihn so beschäftigt. Die depressive Siedlerin aus dem Reihenhaus, die bei unserem ersten Treffen so bitterlich weinen musste, hat sich inzwischen wieder etwas gefangen und in unserer Runde das Für und Wider einer Mutter-Kind-Kur besprochen. Ich habe mich über mein Leben ohne Zweitwagen beklagt und dabei festgestellt, dass die Vorzüge meines DHL-Boten Simon weit über unseren Wendehammer hinaus bekannt sind. Jedenfalls bekamen die drei Frauen aus der Reihenhaussiedlung alle ganz leuchtende Äuglein (sogar die Depressive), und Krabbelgruppenleiterin Karin ließ durchblicken, dass in Blumfeld jedes neugeborene Baby von den Nachbarn vorsorglich auf äußerliche Ähnlichkeiten mit Simon abgeglichen wird – man weiß ja nie!

In der letzten Woche hat eine der drei Blumfelder Ureinwohnerinnen das Thema Tod zur Sprache gebracht, also die Frage, wie man Kleinkindern vermittelt, dass die Ur-Oma gestorben und jetzt im Himmel ist und ob Kinder an Totenwachen und Beerdigungen teilnehmen sollten. Mister Polyamor hatte angeboten, Kontakt zu einem befreundeten Schamanen herzustellen, der der Seele der Ur-Oma beim »Hinübergleiten in die Anderswelt« behilflich sein könne, was wegen der beteiligten Trommeln und Rasseln einen ganz eigenen Reiz für Kinder hätte. Eine der Neubausiedlerinnen ließ sich lang und ausgiebig darüber aus, sich im Fall der Fälle am liebsten verbrennen und zu einem Diamanten pressen zu lassen, den ihre Tochter dann an einer Kette um den Hals tragen könne, was für ein Kind doch viel begreifbarer sei als sich vorzustellen, dass die Mama unter der Erde liegt und von Würmern gefressen wird.

Doch die trauernde Ureinwohnerin ließ uns alle wissen, dass für ihre Großmutter ausschließlich eine traditionelle katholische Erdbestattung in Frage käme, am kommenden Wochenende wäre es dann soweit.

Da war mir schon aufgefallen, dass Ureinwohnerin

Nummer zwei – eine Cousine der Trauernden – erstaunlich wortkarg und schmallippig in der Runde saß. Und das, obwohl die beiden bis dahin ganz innig miteinander waren und sogar die gleichen zweifarbigen rot-blonden Strähnchen im Haar hatten. Heute, ein paar Tage nach der Beerdigung, sitzen sie nicht mal nebeneinander im Stuhlkreis. Nur ihre beiden kleinen Jungs scheinen von den familiären Spannungen nicht betroffen zu sein und spielen einträchtig mit einem Schuhkarton voller Tischtennisbälle.

»Und? Wie war die Beisetzung?«, fragt Karin mit betroffenem Blick, nachdem wir das Begrüßungslied gesungen und die Kinder einem großen Haufen Plastikspielzeug überlassen haben.

»Ach, sehr feierlich. Und es waren unglaublich viele Leute da, der ganze Ort. Wir hatten das Haus voller Gäste, meine Großmutter hatte ja so viele Freunde. Alles voller Blumen. Und der Pfarrer hat so schön gepredigt. Das hätte ihr gefallen.«

»Nein, hätte es nicht«, sagt die andere Ureinwohnerin bestimmt. »Es hätte ihr sicherlich überhaupt nicht gefallen, dass ihre eigene·Familie bei der Beerdigung spart!«

»Also das ist ja wohl allerhand. Seit Jahren haben wir die Oma versorgt und jetzt machst du dich hier wichtig. Hast dich doch all die Jahre auch nicht gekümmert!«

»Das nennst du kümmern? Ihr habt es doch die ganze Zeit nur auf das Erbe abgesehen. Und ich kann nicht glauben, dass ihr die arme Oma in Bleistadt habt aufbaren lassen, nur weil die Blumfelder Leichenhalle zwanzig Euro teurer war.«

»Du hast doch gar keine Ahnung. Hättest dich ja selbst

um die Beerdigung kümmern können. Du hast ja nicht mal einen Kuchen gebacken für den Leichenschmaus. Aber dann in der ersten Reihe sitzen und am lautesten heulen!«

»Also, ich fand die Beerdigung wirklich sehr schön«, sagt die dritte Ureinwohnerin, die mit den anderen beiden offenbar nicht verwandt und damit auch nicht in Erbstreitigkeiten verwickelt ist.

»Ja, du freust dich ja immer, wenn du dich irgendwo auf anderer Leute Kosten durch ein Kuchenbuffet fressen kannst, das war schon in der Grundschule so«, keift Ureinwohnerin Nummer eins nun auch sie an.

»Bitte, beruhigt euch doch.«, Krabbelgruppenleiterin Karin versucht sich Gehör zu verschaffen. »Das gehört doch wirklich nicht hierher. Bitte denkt an die Kinder.«

Betretenes Schweigen in der Runde, alle rühren angespannt in ihren Tassen, bis sich eine der Siedlerinnen zaghaft zu Wort meldet.

»Ich glaube, ich bin heute dran, mal zu erzählen, was mich gerade so beschäftigt. Und jetzt, da die Stimmung hier so angespannt ist, hilft es ja vielleicht, wenn ich mal was Schönes sage: Ich bin wieder schwanger!«

Es folgt eine kurze, erwartungsvolle Stille, bis endlich der erste reagiert: »Toll!«, ruft der polyamore Biobauer. »Ganz herzlichen Glückwunsch!«

Krabbelgruppenleiterin Karin und ich bemühen uns auch, unsere Glückwünsche möglichst euphorisch klingen zu lassen. Nur die drei Ureinwohnerinnen lächeln etwas gequält, so als würden sie sich fragen, warum um alles in der Welt die Schwangerschaft einer zugezogenen Stadttrulla von irgendeiner Bedeutung für sie sein sollte.

Und die depressive Siedlerin sagt schließlich mit brüchiger Stimme: »Also ich würde mir jetzt noch kein zweites Kind zutrauen.«

»Wirst du denn diesmal selbst gebären?«, fragt die dritte Siedlerin ihre Reihenhausnachbarin.

»Selbst gebären? Ja natürlich. Wie meinst du das?«

»Na, die Luisa-Marie war ja ein Kaiserschnitt, wenn ich mich richtig erinnere. Willst du es denn diesmal natürlich und selbstbestimmt versuchen?«

»Weiß ich noch gar nicht, da hab ich mir noch keine Gedanken gemacht«, sagt die schwangere Siedlerin leicht verunsichert.

»Also ich habe meinen Paul ja selbst geboren, bei uns zu Hause bei Kerzenschein, nur mein Mann und die Hebamme waren da. Und da habe ich diese unglaubliche Kraft gespürt, diese Verbindung zwischen mir und dem Ursprung der Welt. Ich glaube, ich habe mich noch nie so sehr als Frau gefühlt.«

»Herzlichen Glückwunsch. Toll für dich«, sagt Ureinwohnerin Nummer eins. »Aber was willst du uns damit sagen? Dass wir unsere Kinder nicht selbst geboren haben, weil wir sie nicht im Ehebett rausgepresst haben?«

»Ich habe das Gefühl, dass du sehr aggressiv bist heute, und ich schiebe das jetzt mal auf den Trauerfall in deiner Familie. Aber ja, ich finde, dass der natürlichen Geburt ein viel zu kleiner Stellenwert eingeräumt wird in der Gesellschaft. Es geht doch heute nur noch darum, alles so schmerzfrei und effizient wie möglich zu machen.«

»Stimmt«, sagt der Biobauer. »Eine Geburt ist doch ein ganz natürlicher Vorgang, und anstatt auf die ureigenen Kräfte der Frauen zu vertrauen, werdet ihr in Krankenhäu-

sern bevormundet, verkabelt und mit Medikamenten voll-
gestopft.«

»Was weißt denn DU schon?«, rufe ich mit den anderen
Frauen im Chor.

»Du hast doch keine Ahnung von den Schmerzen!«

»Ich muss mich doch hier nicht vor dir für meine PDA
rechtfertigen!«

»Ich kann nur hoffen, dass deine Frau dir mit ihrer ureigenen Kraft mal den Hintern versohlt!«

»Bitte, bitte regt euch nicht so auf«, versucht Karin zu
beschwichtigen. Die Kinder auf den roten Gummimatten
schauen nur kurz gebannt auf das Spektakel um sie herum, wenden sich aber gleich wieder den Plastikspielsa-
chen zu.

»Ich hatte mir das ja bei Luisa-Marie auch anders gewünscht, aber die Ärzte meinten, ein Kaiserschnitt sei
unvermeidlich«, stammelt die schwangere Siedlerin.

»Siehst du? Das ist doch genau der Punkt: Du hast es
dir anders gewünscht, und man hat deine Wünsche nicht
respektiert«, sagt ihre Nachbarin. »Man hat dich nicht
bestärkt, sondern verunsichert. Und dann musste deine
arme Kleine in die kalte Atmosphäre eines Operations-
saals hineingeboren werden. Das prägt doch so ein
Kind.«

»Ich glaube, unter der Geburt zu sterben wäre noch viel
prägender«, werfe ich ein. »Ist doch total egal, wie ein
Baby zur Welt kommt, Hauptsache Mutter und Kind geht
es gut.«

»Nein, es ist eben NICHT egal«, sagt die selbstgebährende Siedlerin und fixiert die trauernde Ureinwohnerin.
»Darf ich fragen, wo deine Großmutter gestorben ist?«

»Zu Hause, in ihrem Bett, im Kreis ihrer Kinder.«

»Seht ihr? DAS ist doch der Tod, den sich alle wünschen: zu Hause im Kreis seiner Lieben zu sterben. Sollte es nicht viel selbstverständlicher sein, auch zu Hause im Kreis seiner Lieben zur Welt zu kommen?«

»O glaub mir, ich weiß aus sicherer Quelle, dass die Oma noch nicht kalt war, als sich ihre tolle Verwandtschaft schon ums Erbe gestritten hat. Hätte sie das geahnt, wäre sie sicherlich lieber allein im Krankenhaus gestorben«, sagt Ureinwohnerin Nummer zwei.

»Du bist doch wirklich das Allerletzte!«, schimpft Ureinwohnerin Nummer eins.

»Ich bin jetzt irgendwie getroffen, dass du hier behauptest, ich hätte Luisa-Marie durch den Kaiserschnitt traumatisiert«, sagt die schwangere Siedlerin.

»Ich beobachte nur. Und ich sehe, wie vorsichtig und geradezu kraftlos deine Tochter spielt. Ich meine, schau doch mal, wie leicht sie sich jetzt von Gustav einfach den Schlüsselbund wegnehmen lässt. So als würden ihr Stärke und Durchsetzungskraft fehlen. Ihr fehlt die Erfahrung, eine Schwierigkeit zu meistern, ihr fehlt die Reise durch den Gebärtunnel!«

»Also … das ist doch …« Die schwangere Siedlerin will gerade antworten, doch in dem Moment haut der kleine Gustav der kleinen Luisa-Marie das abgerissene Bein einer Plastikpuppe über den Schädel.

Die schwangere Siedlerin zieht sich ihre weinende Tochter auf den Schoß, Krabbelgruppenleiterin Karin nimmt dem Knaben das Plastikbeinchen ab und versucht, es wieder am lädierten Puppenrumpf zu befestigen. Währenddessen fährt die Selbstgebärerin ungerührt fort:

»Jetzt versteh das bitte nicht als Angriff, ich will dich ja nur ermutigen, dich beim nächsten Mal ganz ohne Manipulation der Urgewalt des Gebärens auszusetzen. Es ist der Kern allen Frauseins. Ich wünsche mir einfach, dass du diese Erfahrung machen darfst, das ist alles.«

»Ich wäre ja fast verblutet während der Geburt«, sagt die depressive Siedlerin leise, nachdem sie ihrem puppenmassakrierenden Sohn einen Schnuller gereicht hat. »Stundenlange Wehen, die Herztöne gingen weg, dann haben sie den Gustav am Ende mit der Saugglocke geholt. Der Anästhesist hatte keine Zeit für eine PDA. Und kaum hatten sie meinen Dammschnitt genäht, gingen die Blutungen los, es war alles ganz furchtbar …«. Sie schaudert.

Bitte nicht weinen, o bitte, nicht wieder weinen, denkt die versammelte Krabbelgruppe im Stillen. Und der polyamore Biobauer legt schon mal vorsorglich seine Hand auf ihre zitternden Hände.

»Ist doch auch eine furchtbare Sauerei, so ein Kind zu Hause zu bekommen«, sagt eine der Ureinwohnerinnen kopfschüttelnd. »Das ganze Blut, die Plazenta, das will man doch alles nicht auf dem Wohnzimmerteppich haben.«

»Die Plazenta sollte man sich in jedem Fall aushändigen lassen, auch wenn man in die Klinik muss«, sagt die selbstgebährende Siedlerin. »Nicht, dass das wertvolle Stück einfach im Klinikmüll landet. Man kann ganz tolle Globuli daraus machen lassen.«

»Wir haben die Plazenta meiner Frau im Tomatenbeet vergraben, seitdem wachsen die ganz ausgezeichnet«, sagt Mister Polyamor.

»Ekelhaft!«

»Unverantwortlich!«

»Unglaublich!«, rufen die drei Ureinwohnerinnen durcheinander.

»Na, muss ja jeder selber wissen«, sagt die Selbstgebährerin eingeschnappt. »Mir war nur wichtig, etwas von meiner Erfahrung weiterzugeben.« Und dann, an ihre schwangere Nachbarin gewandt: »Wenn du noch ein paar Tipps für Atemübungen brauchst, lass es mich wissen. Vielleicht schaffst du es dann wenigstens ohne Schmerzmittel und PDA.«

»Die PDA ist doch das Schönste an der ganzen Geburt«, protestiere ich. »Warum soll man denn unbedingt darauf verzichten? Was findest du so toll an Schmerzen?«

»Sie sind nun mal Teil des Geburtserlebnisses«, blafft mich die Selbstgebährerin an.

»Quatsch, Schmerzen sind das Allerletzte. Man sagt doch auch keinem Sterbenden: Sorry, kein Morphium für dich, Schmerzen sind ein ganz natürlicher Teil des Todeskampfs«, blaffe ich zurück.

»Oma hatte jedenfalls keine Schmerzen, als sie gestorben ist, sie ist einfach friedlich eingeschlafen«, sagt die trauernde Ureinwohnerin.

»Will gar nicht wissen, was ihr der armen Oma dafür in den Kaffee geschüttet habt, damit ihr euch endlich über das Erbe hermachen könnt«, knurrt Ureinwohnerin Nummer zwei.

»Das reicht! Das reicht jetzt wirklich!«, ruft Krabbelgruppenleiterin Karin. »Die Diskussion ist beendet. Jeder gebiert und stirbt, wie es ihm passt. Wir singen jetzt zum Abschluss noch ›Aramsamsam‹ und nächste Woche reden wir über was ganz anderes. Über die Kinder zum Beispiel.«

Schade, denke ich. Die spielen so schön friedlich und fröhlich vor sich hin, völlig unbeeindruckt von all dem Blödsinn, den wir Erwachsene um sie herum so verzapfen. Warum sie da mit reinziehen? Sollten wir sie nicht einfach in Ruhe lassen? Wäre das nicht für alle das Beste?

»Wir haben heute die ganz großen Themen behandelt«, erzähle ich Benni-Papa, als er abends nach Hause kommt. »Es ging ums Leben und ums Sterben und um den Kern allen Frauseins. Und wir haben uns die ganze Zeit angeschrien.«

»Warum gehst du da immer noch hin, wenn es ständig Streit gibt? Zwingt dich doch keiner.«

»Na, weil es interessant ist. Und was soll ich denn sonst den ganzen Tag über machen mit Hannah? Während der Krabbelgruppe bin ich wenigstens nicht in der Versuchung, sinnloses Zeugs im Internet zu bestellen.«

»Da hast du recht«, nickt mein Mann. »Aber eins sage ich dir: Wenn ich in ein paar Monaten in Elternzeit gehe, eröffne ich eine neue Gruppe, einen ›Club für schweigende Väter‹. Wir treffen uns dann auch einmal in der Woche im Bürgercasino, lassen die Kinder in Ruhe spielen und daddeln einfach schweigend auf unseren Smartphones rum.«

Der König ist pleite,
lange lebe der König!

Warum man als Zugezogener niemals,
niemals, niemals ein Schützenfest
besuchen sollte

Bauernschläue soll man nicht unterschätzen. Und erst recht nicht, wenn man es mit einem gerissenen Taktiker wie Bauer Hansen zu tun hat, der – anders als wir – nicht vergessen hat, dass mein Mann ihm noch einen Gefallen schuldet. Stichwort: Zaundesaster. Und dass er ihn ganz konkret um einen Gefallen gebeten hat, nämlich ihm einen Internetzugang einzurichten und ihm im weltweiten Netz der einsamen Herzen bei der Suche nach einer Frau behilflich zu sein, die den Platz seiner schon vor Jahren an Krebs verstorbenen Helga einnehmen könnte.

»Ich will einfach nur meine Ruhe!«, grummelt Benni-Papa, wenn ich ihn sanft ermahne, doch einfach mal nach Feierabend bei Hansen vorbeizuschauen und ihm in Gottes Namen ein Paarship-Konto einzurichten. »Sonst bewirbt der sich am Ende noch bei ›Bauer sucht Frau‹, und dann stiefeln hier wochenlang Kamerateams durch den Wendehammer. Willst du das?«, frage ich meinen Gatten. Doch der ignoriert meine Appelle, vertröstet Hansen, wenn er ihn auf der Straße trifft und hofft, der Mann möge sich einfach an Jack aus dem Blockhaus wenden, der sich mit Frauen im Internet sowieso besser auskennt als er.

Und dann verschwinden auf einmal Ben und Pupsi.

116

Eines späten Nachmittags sind Hund und Sohn unauffindbar. Gerade hatten sie noch im Garten gespielt, plötzlich sind sie weg. Ich unterdrücke die aufsteigende Panik, denn wo sollen Kind und Hund schon sein? Wahrscheinlich sind sie gemeinsam ausgebüchst und drehen eine Runde durch Blumfeld. Ganz bestimmt sogar. Und waren wir nicht hier raus aufs Land gezogen, um unseren Kindern mehr Freiheiten zu geben? Gehört es nicht zu einer gelungenen Kindheit dazu, ohne elterliche Überwachung durch Felder und Wiesen streifen zu können?

Gerade mal zehn Minuten lang halte ich die Helikoptermutter in mir im Zaum, dann siegt die Angst. »Was ist denn mit dir los?«, fragt Benni-Papa, der gerade aus unserem Auto steigt, als ich mit Hannah auf dem Arm aus dem Haus stürze, um Sohn und Labrador zu suchen und im Zweifel aus den Klauen eines kinder- und hundefressenden Serienkillers zu entreißen. Gemeinsam klingeln wir die Nachbarschaft durch, niemand hat die beiden gesehen, nur Herr König, der gerade dabei ist, mit einem kleinen Handstaubsauger seine Autositze zu reinigen, will aus den Augenwinkeln gesehen haben, wie Ben und Pupsi mit einem älteren Mann mitgegangen sind, »obwohl man in dem Alter ja schon wissen könnte, dass man das nicht macht.«

Ja, danke, sehr hilfreich, denke ich und versuche angestrengt, nicht zu hyperventilieren.

»Hansen!«, ruft mein Mann plötzlich. Wir spurten den Wendehammer hinunter in Richtung Hauptstraße, klingeln Sturm beim Bauern und tatsächlich: Da sitzt Ben sehr zufrieden auf der Eckbank in Hansens Küche, vor sich eine riesige Tüte Gummibärchen. Unterm Tisch liegt

Pupsi in einem Haufen aus Leckerli-Krümeln und schläft. Beide sehen weder entführt noch missbraucht aus.

»Was soll das, Hansen? Sie können doch nicht einfach unseren Sohn mitnehmen, ohne uns Bescheid zu sagen. Er ist erst fünf! Wir haben uns Sorgen gemacht!«, rufe ich, bebend vor Zorn.

»Und was haben Sie mit unserem Hund angestellt?«, fragt mein Mann. »Ist das eine komplette Großpackung Hundeleckerlis, die Sie ihm da verfüttert haben? Ist Ihnen klar, dass unser Hund mit Zweitnamen Kotzi heißt?«

»Na, na, nun beruhigen Sie sich mal. Für wen halten Sie mich? Für einen Kindermörder? Einen Hundevergifter? Ich habe die beiden nicht entführt, sondern ihnen mal was Leckeres zu essen gegeben, nicht wahr, Benni?«

»Gummibäafn«, ruft Ben begeistert und mit vollem Mund.

»Und wo Sie schon mal da sind, will ich Sie gleich daran erinnern, dass Sie mir mal etwas versprochen haben. Und daran hält man sich hier in der Nachbarschaft. Und wenn ich mir das Carportfragment vor Ihrer Garage so ansehe, dann habe ich das Gefühl, dass Sie demnächst sowieso noch mal auf meine Hilfe angewiesen sind. Also, was ist, helfen Sie mir jetzt mit dem Internet oder nicht?«

Und so kommt es, dass ich allein mit Hannah, Ben und Pupsi nach Hause laufe, denn mein Mann bleibt an diesem Abend noch lange bei Hansen und richtet ihm seinen Internetzugang ein. Hansen verspricht im Gegenzug, weder Haustiere noch Kinder jemals wieder mit Süßkram anzufixen und in seine Küche zu locken, und ich führe mit Ben ein ernstes Mutter-Sohn-Gespräch zum Thema »Warum man nicht einfach so mit fremden oder halbfremden

Männern mitgeht, auch dann nicht, wenn sie einem mit einer Kilotüte Gummibärchen vor der Nase herumwedeln«.

Die folgenden Abende bin ich mit den Kindern allein, denn mein Mann hat wider Erwarten Spaß daran gefunden, Hansen bei seiner Suche nach einer neuen Liebe zu unterstützen: »Ist ja eine ganz neue Welt, die sich da auftut.«

Und tatsächlich hat Hansen bald ein eigenes Profil bei »paarship.de«, bei »zweiterfruehling.de« und bei »mitherzundhof.de«. Sein Profilbild zeigt ihn zufrieden und schmärbäuchig im Blaumann auf seiner Hollywoodschaukel sitzend. An seine Zukünftige hat er vergleichsweise geringe Ansprüche: patent soll sie sein, nicht älter als 65 Jahre, zünftig kochen können und ihm bei der täglichen Gartenarbeit und der Pflege seiner verbliebenen Hühner und Gänse zur Hand gehen.

Hansens Erfolg ist erstaunlich. Innerhalb weniger Tage quillt sein Postfach förmlich über mit Kontaktanfragen patenter, einsamer Damen, die von einem Leben an der Seite eines Landwirts träumen.

»Ich kann Hansen damit nicht allein lassen, der Mann ist völlig überfordert«, sagt Benni-Papa, als er mich den siebten Abend in Folge vor dem Fernseher sitzen lässt. »Ach ja, und am Wochenende ist Schützenfest. Mit Festumzug und Wettschießen und einem Karussell. Ist ja vielleicht ganz lustig für die Kinder. Und Hansen will unbedingt, dass ich am Abend vorher beim rituellen Umtrunk dabei bin. Wäre wichtig, sich mal bei so was blicken zu lassen, so als Neu-Blumfelder, sagt er.«

»Meinetwegen, kann ja nicht schaden, wenn du ein

bisschen Kontakt zu den anderen Dörflern bekommst, falls Hansen im Liebeswahn plötzlich keine Zeit mehr hat, um mit dir den Carport fertig zu bauen«, sage ich. Und so nimmt das Unglück seinen Lauf.

Benni-Papa geht mit zum rituellen Besäufnis und bringt nicht nur einen satten Promillegehalt, sondern auch eine spontan geschlossene Mitgliedschaft im Schützenverein mit nach Hause.

»Ist das dein Ernst? Hast du nicht damals mit der Begründung den Wehrdienst verweigert, dass dir schon der Anblick von Waffen Übelkeit verursacht?«, frage ich meinen völlig verkaterten Mann am nächsten Morgen.

»Ja, stimmt, aber ich war betrunken. Plötzlich war da das Formular, und ich habe unterschrieben. Hansen hat mir einen Vortrag gehalten über den Reiz des Vereinslebens, über den Zusammenhalt und die Fortführung einer jahrhundertealten Tradition. Und dass Dörfer wie Blumfeld sterben, wenn die Vereine immer weniger Nachwuchs rekrutieren. Außerdem war ich schon immer ein sehr guter Kirmesschütze. Erinnerst du dich noch an den großen Plüschpanda, den ich dir geschossen habe, als wir uns gerade kennengelernt hatten? Hast du dich nicht auch deshalb in mich verliebt?«

»Äh, nein. Der Plüschpanda war nicht der Grund. Aber egal. Du bist jetzt also Mitglied im Schützenverein, ich hoffe, du bleibst ein eher passives Mitglied?«

»Geht nicht, heute ist Wettschießen, ich habe versprochen, dass ich komme und mitmache. Sozusagen als Initiation.«

»Schießen? Cool! Darf ich dann auch mal, Papa? Schießt

du auf Wölfe? Oder auf Räuber?«, quakt Ben aufgekratzt, als wir uns gegen Mittag alle gemeinsam in Richtung Schützenheim aufmachen.

Vor Ort wird Benni-Papa mit großem Hallo von seinen neuen Waffenbrüdern begrüßt, auch Hansen ist schon da, schüttelt mir fest die Hand und versichert mir, dass mein Mann wirklich »ein ganz feiner Kerl« sei. Weiß ich doch.

Draußen vor dem Schützenheim steht ein langer Holzpfahl, an dessen Ende eine hölzerne Taube befestigt ist, die eine Blume im Schnabel trägt. Schützenkönig wird, wer der Taube die Blume aus dem Schnabel schießt. »Ein alter Blumfelder Brauch, wirklich nur was für geübte Schützen«, wie mir Hansen erklärt.

Ich drehe mit Ben und Hannah eine kleine Runde über die Festwiese, lasse die Kinder Karussell fahren, feure Ben beim Dosenwerfen an und plaudere mit ein paar Kita- und Krabbelgruppenmüttern, so dass ich erst gar nicht mitbekomme, dass das Wettschießen schon begonnen hat. Jeder der etwa 30 Schützen darf drei Mal auf die Taube schießen, die Reihenfolge wird per Los bestimmt. Und entweder sind alle noch richtig verkatert von gestern oder der Blumfelder Schützenverein bringt keine besonders guten Schützen hervor – jedenfalls geht Schuss um Schuss ins Leere. Ab und zu bekommt die Taube einen Streifschuss ab, wird aber ansonsten von keinem der Schützen getroffen.

Und dann kommt mein Mann.

Der hat rein zufällig den letzten Startplatz zugelost bekommen. »Los Papa, knall sie ab!«, schreit Ben. Sein Vater legt an, zielt und ballert der Holztaube mit dem ersten Schuss die Blume aus dem Schnabel. Jubel brandet auf.

Der zweite Schuss trifft die Taube am Kopf, der dritte holt das Holztier endgültig vom Pfahl. Ben ist außer sich, sein Vater reißt ungläubig die Arme hoch, seine Schützenbrüder bilden sofort einen begeisterten Pulk um ihn, das Publikum applaudiert.

»Ich bin König! Ich bin König!«, ruft mein Mann, nimmt seinen stolzen Sohn auf den Arm, schüttelt Hände, lässt sich beglückwünschen und auf die Schulter klopfen, und Ben hat so rote Wangen vor lauter Stolz und Aufregung, dass man glauben könnte, er selbst wäre gerade gekrönt worden.

»Dein Mann ist Schützenkönig? Na herzlichen Glückwunsch!«, sagt eine der Ureinwohnerinnen aus der Krabbelgruppe, die sich neben mich gestellt hat. »Konnte sich hier im Dorf ja fast keiner mehr leisten. Schön, wenn die Zugezogenen das mal übernehmen.«

Mir wird flau. Doch bevor ich fragen kann, was genau das zu bedeuten hat, dass man sich das »leisten können« muss, ist die Ureinwohnerin auch schon wieder verschwunden.

Ich folge der Menge ins Schützenheim, wo schon eine Blaskapelle Aufstellung genommen hat und den neuen Schützenkönig mit einem Tusch begrüßt. Der Vorsitzende tritt ans Mikrophon und hält eine kurze, aber beschwingte Rede auf den neuen König, ein echtes Talent, dass man gerade erst frisch angeworben habe. Deshalb habe er ja nun auch noch keine eigene Uniform, an die man ihm den Königsorden heften könne, was sich aber bei der nächsten Mitgliederversammlung feierlich nachholen lasse, zumal bis dahin sicherlich das Dach des Schützenheims neu gedeckt werden könne, dank der großzügigen Spende seiner Hoheit. Schön auch, dass nun mit der Krönung auch die Finanzierung des nächsten Schützenfestes gesichert sei, an dieser Stelle auch noch mal ein großer Dank an den Schützenbruder Hansen, der sich zum Ende seiner Amtszeit ja nicht hat lumpen lassen und sogar ein Karussell für die Kinder spendiert habe.

Applaus.

Mir wird noch flauer, doch mein königlicher Gatte scheint gar nicht richtig zuzuhören, greift sich das Mikro und ruft: »Schnäpse für alle! Die nächsten drei Runden gehen auf mich!«

Alles jubelt und applaudiert, sogar Hannah klatscht begeistert in die Händchen. Ben hat ein paar seiner Kita-Kumpels gesichtet, stratzt mit stolzgeschwellter Brust in ihre Richtung, und ich kämpfe mich vor in Richtung Bühne, um meinen frisch gekrönten Mann vor weiterem Unheil zu bewahren.

»Schatz!«, ruft er mir freudestrahlend zu. »Ich bin Schützenkönig. Ist das nicht irre? Hast du gesehen, wie ich das Ding abgeschossen habe? Mit dem ersten Schuss gleich die Blume …«

»Ja, ganz toll, wirklich, aber ich glaube, das ist alles ein Komplott. Komm mal kurz mit raus, ich habe da einen Verdacht.«

Ich ziehe meinen Mann vor die Tür des Schützenheims und hinter eine Reihe Dixi-Klos, schaue mich um, ob uns auch keiner zuhört, und hole meinen Königsgatten zurück auf den Boden der Tatsachen.

»Denk doch mal nach. Da haben mehr als 30 Männer mitgeschossen, die alle schon seit Jahren im Schützenverein sind. Und keiner von denen trifft den Vogel. Geschweige denn die Blume. Das ist doch kein Zufall! Die haben absichtlich daneben geschossen!«

»Schatz, diese Vorwürfe grenzen an Majestätsbeleidigung. Wieso sollten meine Waffenbrüder so etwas Unehrenhaftes tun?«

»Na weil es ganz schön teuer ist, Schützenkönig zu werden. Hast du eben nicht zugehört? Die erwarten, dass du das neue Dach fürs Schützenheim bezahlst und nächstes Jahr die Feier hier ausrichtest. Mal abgesehen, von dem ganzen Schnaps, der hier gerade auf unsere Kosten getrunken wird. Grob überschlagen sind das alles zusammen mindestens 15 000 Euro.«

Jetzt wird er blass, mein Mann. »Und was soll ich jetzt tun?«

»Zurücktreten natürlich.«

»Das kann ich nicht. Das kann ich Ben nicht antun. Hast du gesehen, wie stolz er ist? Der kann sich doch unter seinen Kita-Kumpels nicht mehr blicken lassen, wenn ich jetzt den Schwanz einziehe.«

»Noch schlimmer wäre es für deinen Kronsohn, wenn er die nächsten zehn Jahre auf Weihnachts- und Geburtstagsgeschenke verzichten müsste, weil uns deine Regentschaft in den Ruin treibt.«

»Ich rede mit Hansen.«

»Ja, rede mit deinem tollen neuen Freund, der dich übrigens ganz schön gelinkt hat, wenn du mich fragst. Deine Zaunschuld hast du mehr als abgetragen in den letzten Tagen, die du mit ihm vorm Computer verbracht hast. Jetzt schuldet er DIR wieder einen Gefallen.«

Da schauen zwei schnauzbärtige Männer um die Ecke, freuen sich, dass sie ihren König entdeckt haben, haken

Benni-Papa an beiden Seiten unter – »Kommen Sie, kommen Sie, wir müssen doch noch auf Ihren Sieg anstoßen« – und schleifen ihn zurück ins Schützenheim.

»Papa?«, brabbelt Hannah auf meinem Arm und schaut ihrem Vater fragend hinterher. Tja, mein Schatz, wenn das Volk ruft, dann muss ein König seine Pflicht erfüllen.

Zurück im Schützenheim sehe ich meinen Mann inmitten seiner Untertanen an der Theke stehen, jetzt nicht mehr ganz so kraftstrotzend und stolz, sondern mit schicksalsergebener Miene einen Kurzen nach dem anderen kippen. Ben hat derweil alle anwesenden Kinder unter zwölf zu seinem demnächst anstehenden Geburtstag eingeladen, und weil in seiner Welt Könige in Schlössern wohnen und nicht in Fertighäusern mit blauen Dächern sowie unermessliche Schätze und Reichtümer besitzen, verspricht er seinen Gästen ein gigantisches Schokogelage mit Drachenkämpfen und für jeden ein eigenes Pony als Gastgeschenk.

Ich spüre die mitleidigen Blicke der anderen anwesenden Frauen, die sicher froh sind, dass der Kelch in diesem Jahr an ihnen vorübergegangen ist und sie keinen Kredit aufnehmen müssen, um das Hobby ihrer Männer zu finanzieren.

Auf einem der Barhocker, etwas abseits des Pulks um meinen Mann, sitzt Hansen in seiner grünen Schützenuniform und lächelt selbstzufrieden in sich hinein. Ich marschiere auf ihn zu, strecke ihm die sabbernde Hannah entgegen und sage:

»Wollen Sie, dass dieses Kind in Armut aufwächst?«

»Papa«, brabbelt Hannah, lacht und streckt Hansen die Ärmchen entgegen.

»Das ist nicht dein Papa, das ist der Mann, der deinen Papa betrogen und aufs Kreuz gelegt hat. Der ihn hierher gelockt, mit Alkohol willenlos gemacht hat und ihn dann in die Falle hat laufen lassen«, sage ich.

»Also bitte, Sie übertreiben«, brummt Hansen verlegen.

»Nein, tue ich nicht. Sie hätten ihm sagen müssen, was es kostet, Schützenkönig zu werden. Sie hätten ihn warnen müssen, dass alle daneben schießen und nur darauf warten, dass irgendein Neuling dumm genug ist, den blöden Vogel zu treffen.«

»Ihr Städter werdet das nie verstehen. So ist das eben in einem Verein, man bringt Opfer für die Gemeinschaft. Dafür hat man ja auch die Ehre. Schützenkönig zu sein ist eine große Ehre. Das ganze Jahr hindurch wird Ihr Gemahl jetzt viel zu tun haben, die Schützenkönige der Nachbargemeinden treffen, beim deutschen Schützenbund vorsprechen, das ›Große Halali‹ anführen …«

»Das große Halali? Was soll das denn sein?«

»Ein Tierstimmenimitationswettbewerb, ein alter Jägerbrauch und eine alte Tradition hier in Blumfeld.«

»Hören Sie, Hansen, ich meine es ernst«, fauche ich. »Wir können uns diesen ganzen Kram nicht leisten. Und wenn Sie wüssten, was mein Mann eigentlich von Waffen hält, von Jägertraditionen und von Schützenvereinen im Allgemeinen, dann hätten Sie ihn hier wahrscheinlich nicht mal das Dosenwerfen für die Kinder organisieren lassen. Er ist nur Ihnen zuliebe überhaupt hierhergekommen. Also lassen Sie ihn jetzt nicht hängen. Sorgen Sie dafür, dass ihn dieses Amt nicht ruiniert. Dafür lasse ich zu, dass er Ihnen weiterhin bei der Suche nach Ihrer Traumprinzessin hilft.«

Dann rausche ich mit Ben und Hannah im Schlepptau davon und lasse meinen Mann in Ruhe sein Volk mit immer neuen Schnapsrunden beglücken. Ich muss dringend nach Hause und irgendetwas sehr Großes und Sinnloses im Internet bestellen, um mich mit dem Anblick von DHL-Simons Muskelspiel für dieses ganze Elend zu entschädigen.

»Schützenfest, du meine Güte, das es so was Primitives überhaupt noch gibt heutzutage«, ruft Frau König, die vor ihrem Haus die Buchsbaumhecke stutzt und wissen will, von wo ich denn nun so eilig herkomme. »Naja, die einfachen Leute brauchen eben auch ihren Spaß.«

»Mein Papa ist …«

Gerade noch rechtzeitig kann ich dem immer noch mächtig stolzen Ben ein Gummibärchen in den Mund stecken und ihn in Richtung Haustür zerren. Hat mir gerade noch gefehlt, der König mitzuteilen, dass sie ab heute royale Konkurrenz hat.

Kurz vor Mitternacht stolpert der König meines Herzens mit schwerem Schritt und noch schwererer Zunge in unser Schlafzimmer. Wirft sich stöhnend zu mir ins Bett, schaut mir treuseelig und betrunken in die Augen und sagt: »Schatz, du biss wirklich die allaallabeste. Weissudas? Hansen hat mir alles erzählt.«

»Da bin ich ja beruhigt«, sage ich schläfrig.

»Wirklich, dassu versprochen hast, das Vereinskassenbuch ssu führen, wenn ich dafür nich für das neue Dach zahlen muss, dassis wirklich totaal toll von dir.«

»Ich habe WAS versprochen?« Jetzt bin ich wach.

»Na das Kassenbuch. Will immer keiner machen. Und

da kommst du und machstas einfach, obwohl du Zahlen doch so hasst, du tolle, tolle Frau! Jetzt musstu nur noch Mitglied werden, sonst geht's nich«, lallt mein Mann zufrieden. »Und Hansen schenkt mir seine alte Uniform, mussich also auch nich neu kaufen, da ham wir schon sooo viel Geld gespart. Müssen wir nur nächstes Jahr das Schützenfest bezahlen.«

Damit dreht sich der frisch gekrönte Monarch um und fängt an zu schnarchen. Kurz denke ich über die moralischen Implikationen eines Tyrannenmordes nach, verwerfe den Plan aber wieder, denn was kann mein argloser Mann schon dafür? Der ist mit der Aussicht, Hauptperson eines Tierstimmenimitationswettbewerbs zu sein, schon gestraft genug. Aber an Hansen, diesem verschlagenen, hinterhältigen Kerl, werde ich mich rächen. Mit den Waffen einer Frau – einer ebenso wütenden wie schamlosen Frau mit einem Internetzugang!

Auf heißen Kohlen

Der Wendehammer grillt und grollt

Benni-Papas Schützenruhm hat sich natürlich schnell herumgesprochen am Wendehammer. Was vor allem heißt, dass unsere Nachbarn unisono befinden, es sei an der Zeit, dass wir »mal zu uns einladen«. Wir wohnen nun ja schon seit mehr als vier Monaten im Haus mit dem blauen Dach und haben immer noch keinen Einstand gefeiert. Gehört sich nicht, so etwas!

Wir feiern also eine Grillparty. Seit einigen Tagen schon wabern Rauchschwaden über den Wendehammer, denn in der Nachbarschaft wird viel und ausgiebig gegrillt, kaum dass das Thermometer Plusgrade anzeigt. Benni-Papa gönnt sich endlich den schon lange im Baumarkt angeschmachteten Luxuskugelgrill, räumt in unserer ohnehin schon mit allerlei Kindergefährten, Winterreifen, Gartenwerkzeugen und Mülltonnen zugestopften Garage ein Eckchen frei für einen Vorrat an Holzkohle, und kauft beim Landmetzger im Nachbarort Grillfleisch in einer Menge ein, als würde unsere Nachbarschaft aus einem ausgehungerten Wolfsrudel bestehen.

Ich habe reichlich Bier kaltgestellt, drei Salate zubereitet und mir heimlich schon mal eine halbe Flasche Prosecco in den Hals gekippt, um mich in entspannte »Mir ist alles egal«-Stimmung zu versetzen, in der sich Veranstaltungen dieser Art meiner Erfahrung nach am besten bewältigen lassen.

Ben ist aufgeregt, denn neben seinen beiden Lieblingsfeindinnen – den Liebmann-Zwillingen von nebenan – kommt auch sein großer Held Jack aus dem Blockhaus sowie die netten Königskinder, die so wohlerzogen sind, dass es mich gruselt. Pupsi liegt ganz entspannt in seinem Hundekörbchen und träumt einen schönen Hundetraum von all den Grillfleischresten, die ihn heute noch erwarten. Und Hannah patscht mit ihren Händchen in ihrem Kartoffelbrei herum, was ich jetzt mal als Zeichen der Vorfreude werte.

»Willst du nicht langsam mal den Grill anmachen? Die Leute kommen in einer halben Stunde«, frage ich meinen Mann, der gerade die Schrauben seines neuen Fleischaltars noch einmal alle nachzieht.

»Viel zu früh, Schatz. Das geht ja ruck, zuck mit dem Feuer anmachen, das mach ich dann, wenn alle da sind. Kümmere du dich um den ganzen anderen Kram und überlass das mit dem Grill getrost mir.«

Pünktlich um 15 Uhr kommen die Gäste, zuerst die Königs. Sie drückt mir kühl eine Flasche Sekt in die Hand und eine Tupperbox mit marinierten Jakobsmuscheln (»Dachte mir ja schon, dass hier sonst nur Schwein auf den Grill kommt.«), er mustert mit Kennerblick unser Wohnzimmer und raunt seiner Frau beim Betreten unserer Terrasse zu: »Sieht innen ja nicht ganz so geschmacklos aus, wie man von außen vermuten könnte.« Die Königskinder schütteln mir artig die Hand und werden von ihrer Mutter noch mal streng ermahnt, bloß nicht den Hund anzufassen.

Koi-Karsten hat einen japanischen Algensalat mitgebracht, und Koi-Kerstin überreicht mir mit bedeutungsvoller Miene einen runden Stein in der Größe eines Bauernbrotes. »Der ist energetisch wirklich was ganz Besonderes, und ich weiß auch schon genau, wo in deinem Garten der gut hinpassen würde«.

Die Liebmanns haben ein Weidenkörbchen voller selbstgemachter Marmeladen und Chutneys sowie ihre missmutigen, blondbezopften Zwillingsmädchen mitgebracht, für die Ben im Garten schon ein geheimes Reservoir an Regenwürmern und anderem ekligen Krabbelgetier angelegt hat.

Und schließlich kommen auch Samy und Dany aus dem Blockhaus mit einem Fass »Garagenbräu« unterm Arm, Danys selbstgebrautem Pils. Und natürlich mit Jack, der etwas lustlos hinter seinen Eltern in Richtung Garten schlurft, Ben per Ghettofaust begrüßt und ihn dann gleich verschwörerisch hinters Trampolin zieht. Fehlt nur noch Hansen, aber auf den könnte ich aktuell auch gut verzichten.

Die Männer sammeln sich um den immer noch nicht brennenden Grill und fachsimpeln über Marinaden, passive Hitze und Langsamgarmethoden, während mein Mann Grillanzünder über seine Spezialkohle bröselt und mit einer Packung Streichhölzer versucht, das Feuer in Gang zu bringen.

»Keinen Grillkamin, Herr Nachbar?«, fragt Liebmann spöttisch. »So wird das nichts mit Ihrer Kohle. Sie müssen auf den Kamineffekt setzen, die Hitze muss von unten kommen. Investieren Sie in einen Grillkamin, Sie werden es nicht bereuen.«

»Quatsch. Spiritus tut es auch. Ich hol schnell welchen von drüben«, ruft Dany, lupft den Cowboyhut und sprintet ums Haus.

»Na, hier ist ja noch einiges zu tun«, sagt unterdessen Frau König wage in meine Richtung, nachdem sie eine Weile lang schweigend den strengen Blick über unseren Garten hat streifen lassen. »Ich hätte Ihnen einen guten Gartenbauspezialisten empfehlen können. Aber immerhin: Der Rollrasen scheint ja nicht billig gewesen zu sein.«

»Also ich finde es toll, wirklich ganz toll. Muss ja nicht immer alles perfekt sein. Und das viele Kinderspielzeug überall, man sieht richtig, wie viel Leben bei euch in der Bude ist«, tiriliert Susi Liebmann – und ich glaube ihr kein Wort.

Koi-Kerstin hat ihren Stein an eine energetisch passende Stelle gelegt und beobachtet nun mit Entsetzen, wie Pupsi ihn erst beschnuppert und dann beherzt anpinkelt. Dafür ist ihr Hannah vor die Füße gekrabbelt und zieht sich jetzt an ihrer Haremshose in den Stand, was Koi-Kerstin beinahe Tränen der Rührung in die Augen treibt. Sofort kniet sie sich nieder und nimmt Hannah auf den Arm. »Ja hallo, meine kleine Elfe, soll ich dir mal zeigen, wo bei euch im Garten die Zauberwesen leben?«. Und damit ist sie für den Rest des Nachmittags beschäftigt. Kann mir nur recht sein, wenn sich Hannah das Gerede über Yin, Yang und Chi anhört und ich dafür nicht die ganze Zeit ein Kind rumschleppen muss.

»Bekommt man hier denn nichts zu trinken?«, kräht Blockhaus-Samy und tippt ihre langen künstlichen Fingernägel gegen ihr leeres Sektglas. Ich will gerade neuen

Schampus holen gehen, da steigt eine gewaltige Stich-
flamme über unserem Grill auf – Blockhaus-Dany ist inzwischen mit einer Flasche Spiritus zurückgekehrt, hat
Benni-Papa sanft beiseite geschoben und die Sache mit
dem Feuer in seine Cowboyhände genommen.

»So, jetzt brennt's«, sagt er zufrieden.

»Ihr habt wirklich keinen Respekt vor den Elementen«,
sagt Koi-Karsten erschüttert.

»Wenn Sie das in der Nähe unserer Grundstücksgrenze
auch so machen, Herr Nachbar, dann werde ich die Be-
hörden informieren«, sagt König mit schneidender Kälte.
»Sie sind ja eine Gefahr für Ihre Umgebung. Spiritus! Das
gehört doch verboten!«

»Ganz ruhig, Männer, ich habe alles im Griff«, sagt
Dany und zapft für jeden noch ein Garagenbräu, um die
Gemüter zu besänftigen.

Da kommt Hansen um die Ecke, heute mal nicht im
Blaumann, sondern im Sonntagsstaat, also mit Karohemd
und Hosenträgern. Und unterm Arm trägt er ein Ferkel.
Erst denke ich an ein Stofftier für Ben, aber dann sehe ich:
Das Ferkel ist echt und steckt an einem Spieß.

»Hab da noch was mitgebracht. Sie haben doch jetzt so
einen modernen Grill, da gibt es sicher eine Drehspieß-
halterung.« Großes Hallo am Kugelgrill, mein Mann klopft
Hansen anerkennend auf die Schulter, Blockhaus-Dany
zapft ihm ein Garagenbräu, Blockhaus-Samy ruft »Wie
süß, ein Schweinchen!«, und die Liebmann-Zwillinge, die
schon die ganze Zeit händchenhaltend und stumm unterm Apfelbaum standen und sich nicht zu den anderen
Kindern ins Gebüsch hinterm Trampolin trauen, starren
verstört auf ihren Vater, der das aufgespießte Ferkel be-

herzt an sich nimmt und am Beistelltischen mit seiner selbstgemachten Honigmarinade einpinselt.

»Wo ist das Schwein?«, ruft Ben, der zusammen mit Jack und den Königskindern aus dem Gebüsch stürzt, alle vier bewaffnet mit langen Klappmessern.

»Ben? Was ist das denn, wo hast du das her? Was macht ihr mit den Messern im Gebüsch?«, frage ich irritiert.

»Hat Jack mir geschenkt.«

»Uns auch!«, sagen die Königskinder und strahlen.

»Sind schon älter, brauch ich nicht mehr«, sagt Jack erklärend.

»Wirklich sehr großzügig Jack, aber Ben ist fünf Jahre alt. Fünf!« Ich halte Jack fünf Finger vors Gesicht, weil man ja bei Teenies nie wissen kann, ob zum gesprochenen Wort nicht noch zwingend ein optischer Reiz geboten werden muss, damit sie verstehen, was man ihnen sagt. »Wenn Du ihm eine Waffe schenken willst, egal ob eine Bazooka oder ein Taschenmesser, dann musst du mich vorher fragen.«

»Das ist meins, Mama! Ich brauch das! Gib mir das zurück. Ich bin noch nicht fertig!«, kreischt Ben, als ich ihm das Klappmesser aus den Fingern winde.

»Fertig womit?«

»Wir sezieren ein totes Eichhörnchen, das da im Gebüsch liegt«, erklärt die neunjährige Charlotte König artig, nachdem sie und ihr Bruder ihre Messer umgehend und ohne weitere Diskussion bei ihrer Mutter abgeliefert haben, die nun schneidend die Luft durch die Nase zieht:

»Charlotte, Jonathan! Sofort Hände waschen!«

»Aber Mama, es war ein wissenschaftliches Projekt. Wie in der Schule. Ich habe gleich das Herz gefunden«, versucht Charlotte zu beschwichtigen, doch Frau König hat Jack bereits mit eiskaltem Killerblick fixiert und zischt:

»Komm nie wieder auch nur in die Nähe meiner Kinder, du Psychopath!«

Jack zuckt nur mit den Achseln, ruft »Mum, Dad, ich geh rüber chillen!«, nimmt der König und mir die drei Klappmesser aus der Hand und latscht in Richtung Blockhaus davon.

Komisch, dass bei uns im Gebüsch ein totes Eichhörnchen liegt, ohne von Pupsi entdeckt worden zu sein. Ich vermute, dass Jack das Tier heimlich mitgebracht hat – die Kinder hätten den Kadaver vielleicht nicht nach den inneren Organen, sondern nach Einschusslöchern und Luftgewehrmunition hin untersuchen sollen.

»Er kann wirklich so gut mit Kindern«, sagt Blockhaus-Samy fröhlich, winkt ihrem Sohn hinterher und ignoriert den hasserfüllten Todesblick von Frau König.

Ich merke vorsichtig an, dass das Verteilen von Killerspielzeug nicht unbedingt ein Zeichen für besonderes Einfühlungsvermögen in die Bedürnisse von Kleinkindern ist, aber Blockhaus-Samy sieht das Problem nicht recht, schließlich seien die alten Jagdmesser wirklich schon ziemlich stumpf und außerdem wüssten die Kinder jetzt, wie so ein Eichhörnchen von innen aussieht – wieder was gelernt.

Die Damenrunde schweigt etwas betreten und nippt kollektiv am Sektglas, nur Koi-Kerstin wandelt immer noch mit Hannah auf dem Arm durch unseren Garten, säuselt ihr von Elfen, Trollen, Feen und Zauberwesen ins Ohr und hat von Spiritus, Ferkel, Klappmessern und Eichhörnchen gar nichts mitbekommen.

»Na, jetzt aber alle wieder fröhlich sein, ja? Wir feiern nun eine schöne Eichhörnchenbeerdigung«, flötet Susi Liebmann schließlich beschwingt. »Lotti, Lisi, wollt ihr nicht ein paar Gänseblümchen pflücken? Und vielleicht hat der kleine Benni ja einen Karton und ein paar Stifte, dann könnt ihr zusammen einen Sarg basteln.«

»Ja, Sarg basteln«, rufen die Zwillinge. Endlich eine Beschäftigung für die lethargischen Gruselkinder, die die notorisch gute Laune ihrer Mutter früher oder später wohl ohnehin in die Satanistenszene treiben wird.

Ich ziehe also los, um in der Garage einen Spaten (zum Schaufeln eines Eichhörnchengrabes) und in der Küche neuen Prosecco (zum Abtöten meiner verbliebenen Hirnzellen) zu holen, und frage mich, warum auf Grill- und Gartenparties eigentlich immer klassische Geschlechtertrennung herrscht. Und warum die Männer das immer so viel besser hinkriegen, ein gemeinsames Smalltalkthema zu finden, das darüber hinwegtäuscht, dass man sich eigentlich wenig zu sagen hat. Mit dem Austauschen von Fußballanekdoten und Grillfachsimpeleien scheint das Herrentrüppchen um unseren Kugelgrill jedenfalls bestens beschäftigt zu sein. Sogar Koi-Karsten, der eigentlich Vegetarier ist, fühlt sich augenscheinlich ganz wohl. Nachdem die ersten Steaks, Würstchen und Jakobsmuscheln bereits weggegrillt sind, hat er sich jedenfalls gemeinsam mit meinem Mann als lebender Ferkelspießdreher angeboten, denn unser neuer teurer Grill hat dann leider doch keine Drehspießvorrichtung. So stehen die beiden Männer, jeder mit einem Glas von Blockhaus-Danys Garagenbräu in der einen und einem Ende des Ferkelspießes in der anderen Hand neben dem Grill und drehen das Tier langsam und bedächtig über der glühenden Kohle.

»Ich hab in diesem Frühling angefangen, meine Fische selber zu räuchern, megageil sag ich euch«, erzählt Blockhaus-Dany gerade, als ich mit Spaten und Sekt wieder durch die Terrassentür trete.

»Ist mir nicht entgangen«, sagt Herr König.

»Mir auch nicht«, ruft seine Frau, während sie mir die Sektflasche aus der Hand nimmt und sich kräftig nachschenkt. »Haben Sie eine Ahnung, wie das stinkt? Zieht alles zu uns rüber. Schlimm genug, dass Ihr Sohn ein pornosüchtiger Waffennarr ist und Sie … naja, lassen wir das. Aber über diese Geruchsbelästigung muss gesprochen werden, das ist nicht hinnehmbar.«

»Fische sind Freunde und kein Futter«, sagt Koi-Karsten und dreht weiter versonnen am Spieß.

»Also ich finde Fische ja ein bisschen eklig. Und so glitschig«, sagt die Liebmann und schüttelt ihre blonden Locken.

»Sie haben eben keine Ahnung. Fische – und besonders die Kois – sind mutige, furchtlose und elegante Tiere«, sagt Koi-Karsten.

»Ich dachte, sie sind vor allem empfindlich? Wenn sie so furchtlos sind, verstehe ich nicht, warum unsere Kinder wegen der Fische nicht Trampolin hüpfen dürfen«, sagt mein Mann.

»Kann man die denn essen?«, fragt König. »Oder hält man sich die eher als Wertanlage? Hab ja gelesen, dass die zum Teil Tausende Euro wert sein sollen. Haben Sie die auch versichert? Wie schützen Sie sich eigentlich gegen Diebstahl?«

»Wäre mir schon wegen der Kinder viel zu gefährlich, so ein Teich im Garten«, sagt Herr Liebmann.

»Deshalb habe ich ja auch keine Kinder«, sagt Koi-Karsten.

»Ist doch schade, Kinder sind doch das Schönste und Wichtigste auf der Welt. Wenn man genug Zeit hat, sich auch mit ihnen zu beschäftigen«, sagt Susi Liebmann. »Ich glaube ja, deine Frau hätte schon gern ein Baby.«

Eine peinliche Stille folgt und alle Augen richten sich auf Kerstin, die immer noch ganz versunken mit Hannah auf dem Arm unsere Wiese abschreitet und in ihr Ohr summt. Hinter ihr im Gebüsch feiert Ben mit den Königskindern und den Liebmann-Zwillingen eine Eichhörnchenbeerdigung, Pupsi liegt Hansen zu Füßen und lässt sich mit Bratwurststückchen füttern. Koi-Karsten dreht weiter den Spanferkelspieß, schaut zu Boden und sagt: »Ich habe mich nun mal für ein Leben ohne Kinder entschieden und auch das Nötige dafür getan.«

»Wie jetzt? Schnipp-schnapp oder was?«, fragt Blockhaus-Dany entgeistert.

»Also bitte, das will ich alles gar nicht so genau wissen«, sagt die König, gießt sich noch mal ordentlich Sekt nach und pickt lustlos in meinem Kartoffelsalat herum.

»Dauert das Ferkel noch lange?«, will Hansen wissen.

»Ich hoffe, dass das ein glückliches Ferkel ist, das Sie uns mitgebracht haben«, sagt die Liebmann. »Ich habe so viele schlimme Dinge über die Schweinemast gehört und dass man die Ferkel viel zu früh von den Muttertieren trennt.«

»War bestimmt glücklich, das Ferkel. Aber tot ist es trotzdem«, sagt Hansen.

»Wirklich Alter, das finde ich krass, dass du dir da hast rumschnippeln lassen«, sagt Blockhaus-Dany zu Koi-Karsten. »Ich meine, ein Mann braucht einen Sohn, an den er sein Wissen weitergeben kann. Was nutzen dir deine Fische im Alter? Was bleibt von dir, wenn du in die ewigen Jagdgründe einziehst?«

»Mit dem, was von IHNEN bleibt, haben Sie der Menschheit auch nicht gerade einen Riesengefallen getan«, sagt Herr König.

»Und Töchter sind auch nicht verkehrt«, sagt Benni-Papa.

»Ich finde es vor allem voll egoistisch, dass du das so allein für dich entscheidest«, sagt Liebmann zu Koi-Karsten.

»Stimmt, wir entscheiden immer alles gemeinsam, nicht wahr Schatzi?«, sagt die Liebmann und schmiegt sich an ihren Mann. »Deshalb ist bei uns auch immer alles harmonisch.«

»Braucht das Ferkel noch lang?«, fragt Hansen. »Ich hab noch was zu tun.«

»Stimmt, Sie sind ja sehr beschäftigt gerade. Was macht denn Ihre Brautsuche im Internet?«, frage ich boshaft.

»Läuft«, brummt Hansen. »Und wie läuft es mit Ihrem Carport? Soll der ewig so halb fertig rumstehen oder baut Ihr Mann den demnächst mal zu Ende?«

Verschlagener alter Sack! »Ich bin mir gar nicht sicher, ob wir den überhaupt brauchen, den Carport. Wir haben doch eine Garage«, sage ich.

»Naja, Schatz, aber die Garage ist voll mit den ganzen Gartengeräten, den letzten Umzugskisten, den Mülltonnen, Bens Schlitten, seinem Laufrad und dem Kettcar. Und im Winter muss ja auch das Trampolin da rein. Für ein Auto ist gar kein Platz mehr. Und DU wolltest ja kein Gartenhäuschen«, fällt mir mein Angetrauter in den Rücken.

»Außerdem sieht es wirklich nicht gut aus, wenn da nur diese vier Stützbalken stehen. Macht einen verwahrlosten Eindruck, Ihre Einfahrt«, sagt Frau König.

»Ich kümmere mich demnächst drum«, sagt mein Mann schicksalsergeben.

Blockhaus-Dany reicht ihm die Hand und sagt: »Kannst auf mich zählen, Alter. Ich lass dich nicht im Stich.«

»Ich finde das ja so schön, dass Sie sich neu verlieben wollen. Ich wünsche Ihnen ganz doll viel Glück«, sagt Susi Liebmann zu Hansen.

»Tut Ihnen ja auch körperlich gut, mal wieder ne Frau im Haus«, sagt Blockhaus-Samy und zupft sich den Minirock zurecht.

»Ja, aber denken Sie bitte auch an Ihre Umgebung. Es kann schwer sein für Menschen aus fremden Kulturen, sich hier einzuleben«, sagt die König, die offensichtlich immer noch große Angst vor der Invasion thailändischer Gogo-Tänzerinnen in unserem Wendehammer hat.

»Mir ist nur wichtig, dass sie nicht so viel redet«, brummt Hansen. Und daraufhin schweigen alle etwas betreten.

»Das Wetter schlägt um, ihr Lieben«, sagt Koi-Kerstin, die mit der inzwischen schlafenden Hannah auf dem Arm in unsere Runde tritt. »Die Feen und Elfen haben uns das verraten, der kleinen Hannah und mir. Und ich spüre auch ganz viel Spannung in der Luft.«

Recht hat sie, meine sensible Nachbarin. Aber man muss wahrlich keine Feng-Shui-Expertin sein oder mit Feen in Kontakt stehen, um diese Spannungen zu spüren, die hier durch unser kleines Nachbarschaftstreffen wabern. Außerdem schiebt sich gerade eine große, pechschwarze Wolke vor die Sonne und es donnert vernehmlich. Eine Windböe fegt Pappteller und Servietten von unserem Gartentisch, die Königs sammeln eilig ihre Kinder ein und verschwinden – nicht ohne die noch ungegrillten Jakobsmuscheln wieder einzupacken und mitzunehmen. Susi Liebmann tanzt ekstatisch über unseren Rasen und ruft: »Ach, ich liiiebe Gewitter! Lisi, Lotti, schaut mal, was für ein toller Wind!«, bis Herr Liebmann Frau und Töchter energisch ins Schwedenhaus beordert. Hansen und Blockhaus-Dany besprechen noch schnell einen möglichen Baueinsatz an unserem Carportfragment und verabschieden sich dann auch, zusammen mit Koi-Karsten und Kerstin, auch wenn Kerstin sich nur schwer von der schlafenden Hannah trennen kann.

Nachbarschaftsgrillfest: erledigt!

Das halbgare Spanferkel hat seine letzte Ruhe dann neben dem toten Eichhörnchen gefunden. Das Fässchen Garagenbräu haben mein Mann und ich allein ausgetrunken. Pupsi hat eine interessante Mischung aus Würstchen, Steak und Nudelsalat auf den Wohnzimmerteppich gekotzt. Ben hat nach der guten Erfahrung mit dem Trampolin versucht, seine Großmutter am Telefon von der Notwendigkeit eines eigenen Jagdmessers zu überzeugen (vergeblich!). Und Hannah hat in der folgenden Nacht zum ersten Mal seit langer Zeit wieder friedlich durchgeschlafen. Und dazu offenbar noch über Nacht ein neues Wort gelernt, ihr viertes nach »Mama«, »Papa« und »Ben«. Jedenfalls begrüßt sie mich am nächsten Morgen mit einem Strahlelächeln, streckt mir aus ihrem Gitterbettchen die Hände entgegen und gluckst: »Mama! Chi!«.

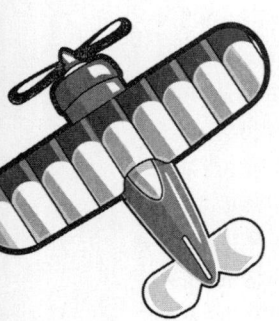

Schweine vor der Haustür

Wie eine Krise die Nachbarschaft zusammenschweißt

Mit dem späten Frühling kommt die Krise. Ein Heer von Blattläusen hat sich auf meinen kleinen Tomatenstauden breitgemacht, mit denen ich ganz langsam und niedrigschwellig in die Gemüsezucht einsteigen wollte. Dazu hat ein Schwarm fliegender Ameisen unsere Garage gekapert, um sich dort ausgiebig zu paaren. Jedes Mal, wenn wir das Tor öffnen, schwirrt und surrt es, als verberge sich dahinter ein Schlachthof ohne Kühlung. Und die König schaut mich neuerdings so an, als vermute sie, dass mein Mann und ich in der Garage Leichenteile stapeln.

Eigentum ist anstrengend. Um alles muss man sich selber kümmern. Früher in der Stadt, als wir noch zur Miete wohnten, haben wir uns jeden Monat über die Stange Geld geärgert, die wir unserem Vermieter in den Rachen geschmissen haben, anstatt davon einen Bankkredit zu bedienen. Jetzt, da ich Haus- und Hauskreditbesitzerin bin, träume ich manchmal davon, wie schön es wäre, einfach am Telefon einen Vermieter anranzen zu können, er möge sich bitte presto um die kaputte Heizung/die undichten Fenster/die Ameisenplage in der Garage kümmern – sonst: Mietminderung!

Im Internet recherchiere ich, dass die Paarungszeit der Ameisen demnächst vorbei sein müsste und wir unsere

Garage dann wieder für uns hätten – allerdings steht dort auch, dass die Ameisen gern im nächsten Jahr wiederkommen, wenn sie erst einmal Gefallen an einem Liebesnest gefunden haben. Was also tun? Kammerjäger? Gifteinsatz?

»Ich habe tolle Lavendelöllampen, die helfen ganz ohne Gift«, sagt mir Susi Liebmann in gewohnt fröhlicher Stimmung, als ich ihr an der Supermarktkasse von unserem Problem erzähle. Doch als ich am nächsten Tag bei ihr vorbeischauen will, um sie abzuholen, öffnet sie mir im roten Morgenmantel die Tür und reicht mir mit glasigen Augen ungewöhnlich wortkarg die Lampen.

»Oh, bist du krank?«, frage ich erschrocken.

»Ich? Krank? Nein. In diesem Haus ist nur einer krank«, sagt sie matt und schließt die Tür.

Oha! Unterm Schwedendach hängt der Haussegen schief, wer hätte das gedacht. Obwohl da doch sonst angeblich alles immer so harmonisch ist. Ob das möglicherweise mit der pikanten Post zu tun hat, die wir neulich fälschlicherweise erhalten und dann heimlich haben verschwinden lassen? Ob Liebmann sein Sadomaso-Einsteiger-Set wohl einfach noch mal geordert und damit nicht den erhofften Erfolg bei seiner Frau gehabt hat? Während ich am Küchentisch sitze, Hannah mit Nudelresten füttere und über diese Frage nachdenke, sehe ich durchs Küchenfenster Frau König mit entschlossenem Schritt unsere Einfahrt hochmarschieren.

»Meine Liebe, ich muss mit Ihnen sprechen«, sagt sie, als ich ihr die Tür öffne. Meine Liebe? Was zum Henker ist denn jetzt los?

»Sie glauben nicht, was Hansen getan hat!«

»Hansen traue ich alles zu, Frau König. Kaffee?«

»Keine Zeit, ich muss gleich weiter, auch die anderen Nachbarn informieren. Wir müssen uns zusammentun! Wir müssen uns organisieren! Wir müssen uns wehren!«

Und dann setzt sich die König doch, lässt sich einen Kaffee einschenken und erzählt. Von ihrer Bekannten aus dem Reitstall, die wiederum eine Cousine hat, die im Blumfelder Gemeinderat sitzt – von daher weiß sie, dass Hansen die Stoppelfelder hinter unserem Wendehammer nun auch verkaufen will.

»Das war nicht abgesprochen, als wir unser Baugrundstück gekauft haben. Wir wollten einen unverbaubaren Blick ins Grüne. Und jetzt das!«

Die König ist außer sich, ihre Stimme klingt brüchig. Ich erwäge, ihr eine Flasche Sekt aufzumachen.

»Naja, wer weiß, vielleicht gibt es einfach noch ein weiteres Neubaugebiet, so schlimm ist das doch nicht«, sage ich.

»Neubaugebiet? Meine Liebe, seien Sie nicht so naiv! Wissen Sie, mit wem Hansen gerade verhandelt? Mit einem Schweinemastbetrieb! Was glauben Sie, wo der neulich das Ferkel her hatte, dass Sie hier auf den Grill geschmissen haben?«

»Schweinemast?« Vor Schreck verschlucke ich mich am Kaffee.

»Ja, Sie haben richtig gehört. Schweinemast. Wissen Sie, wie das stinkt? Wie laut das ist? Wie hässlich das aussieht? Der Wert unserer Anwesen halbiert sich in dem Moment, in dem dort der Grundstein für diese Sauerei gelegt wird!«

»Und jetzt?«, frage ich verzagt.

»Na, wir müssen uns zusammentun! Protestnoten schreiben! Hansen unter Druck setzen! Mein Mann hat schon unseren Anwalt informiert, und ich werde meine guten Kontakte aus dem Reitstall und dem Tennisclub nutzen. SIE könnten sich ja irgendwo anketten, wenn es hart auf hart kommt.«

Anketten? Ich denke gar nicht daran. Einen wie Hansen kann man nicht mit althergebrachten Protestformen zu Fall bringen. Da braucht es eine Guerilla-Aktion! Ich verabschiede die König, verspreche, auf jeden Fall zu einem gemeinsamen Planungstreffen mit den anderen Wendehammerbewohnern zu erscheinen, bete, dass Hannah jetzt einen ordentlichen zweistündigen Mittagsschlaf hinlegt und setze mich vor den Rechner. Ich erstelle ein Profil auf einem der zahlreichen Datingportale, auf denen Hansen noch immer intensiv nach seiner Traumfrau sucht, und starte meine Rache. Mein perfider Plan: Ich kreiere die perfekte Frau für Hansen, wickle ihn um meinen virtuellen Finger – und lasse ihn dann am langen Arm verhungern! Im Liebeswahn wird Hansen zu beschäftigt sein, um die Sache mit der Schweinemastanlage weiter voranzutreiben. Abgesehen davon sind verliebte Männer viel leichter zu manipulieren …

Ich werde also zu »Wilma1952«, einer vermögenden, verwitweten Geflügelzüchterin, die nicht nur phantastisch und gern »nach Hausfrauen-Art« kocht, sondern sich einen Mann wünscht, der ihre Liebe zu Hühnern, Truthähnen und Gänsen teilt und damit klarkommt, dass sie eher nicht so viel reden mag. Per Photoshop morphe ich ein Bild von Mutter Beimer und Sophia Loren zu einer betörenden Mischung aus Mütterlichkeit und reifer

Sexyness. Und kaum habe ich das Profil freigeschaltet, sortiert der Algorithmus »TreueSeele1943« (alias Bauer Hansen), auf den ersten Platz meiner potentiellen Online-dates, mit einem phantastischen Große-Liebe-Quotienten von 90 Prozent.

»Hallo TreueSeele1943, Sie gefallen mir. Sie gefallen mir sogar sehr!«, tippe ich in meinen Rechner. »Ich möchte gern mehr über Sie erfahren. Sagen Sie, sind das etwa Kanadagänse, die ich da im Hintergrund Ihres Profilbildes erkenne? Ich bin beeindruckt. Ich freue mich über eine Nachricht von Ihnen. Herzlich, Ihre Wilma1952«

Hansens Pläne von der Schweinemastanlage sprechen sich natürlich in Windeseile herum im Wendehammer. Die König lädt am Samstagnachmittag alle Nachbarn zu sich nach Hause ein, um die Gründung einer Bürgerinitiative zu erörtern. Schon an der Tür merke ich, wie sehr sie diesen Entschluss bereut, denn erstens müssen wir alle noch im Flur die Schuhe ausziehen, um den hellen Flauscheteppich nicht zu beschmutzen. Und zweitens schaut sie mit sichtlichem Bedauern auf Ben und Hannah und sagt: »Ich wusste nicht, dass Sie die Kinder mitbringen!«

»Naja, samstagnachmittags ist es schwer, sie woanders unterzubringen. Und ich dachte, Ihre Kinder freuen sich vielleicht«, stammle ich.

»Na, wenigstens den Hund haben Sie zu Hause gelassen. Jonathan? Charlotte? Ihr habt Besuch! Bitte sorgt dafür, dass Ben und Emma ...«

»Hannah«, korrigiere ich.

»... dass Ben und Hannah nichts anfassen. Vielleicht

könnt ihr mit ihnen in eurem Zimmer ja ein paar Bücher anschauen? Aber bitte nicht zu laut, ja?«

Wir geben also Ben und Hannah in die Obhut der Königskinder und betreten den königlichen Salon. Dort versinken schon die Koi-Züchter, die Blockhaus-Bewohner und die Liebmanns in einer opulenten Sofalandschaft unter einem großen Ölgemälde von Familie König, einer Arbeit eines befreundeten Künstlers, der auch für das spanische Königshaus arbeitet, wie der Hausherr erzählt.

Benni-Papa und ich lassen uns in die tiefen Sofas sinken und lauschen Herrn und Frau König, die noch einmal das Ungeheuerliche berichten: Hansen will gegen alle Beteuerungen die Felder hinter unserem Wendehammer verkaufen. An einen Schweinemastbetrieb.

»Mein Gott, mein Gott, die armen Schweinis«, jammert Susi Liebmann unablässig und sieht ganz bleich dabei aus.

Koi-Kerstin tätschelt ihr die Hand und ist selbst ganz betroffen: »Gerade für uns als Vegetarier ist allein die Vorstellung unerträglich.«

Koi-Karsten geht davon aus, seine Koi-Zucht einstellen zu müssen, denn Kundenbesuche seien dann im Grunde nicht mehr möglich. »Die Lärmbelästigung ist ja durch die Kinder jetzt schon hoch. Wenn erst noch die Schweine dazukommen, können unser Kiesgarten und die Teichanlage ihre meditative Wirkung nicht mehr entfalten. In so einer Umgebung kauft man keine Kois.«

»Mach halt Fischstäbchen draus«, brummelt mein Mann und beobachtet dabei fasziniert, wie Blockhaus-Samy versucht, sich in ihrem kurzen Leopardenrock aus dem tiefen Sofa zu wuchten, um sich eine der Oliven zu greifen, die die Königs auf ihr Wohnzimmertischchen gestellt haben.

»Ich denke, wir sollten alle wieder dazu zurückkehren, nur das Fleisch zu essen, das wir selbst gejagt haben«, sagt Blockhaus-Dany. »Ein fairer Kampf zwischen Mann und Steak, dann bräuchte es auch keine Massentierhaltung.«

»Ich bin auch nicht für Massentierhaltung, aber die Vorstellung, in den Blumfelder Wäldern würden sich täglich Typen mit Knarren ihr Schnitzel schießen, gefällt mir auch nicht. Außerdem, was heißt hier fairer Kampf? Du hättest dann ja eine Waffe, das Tier nicht. Fair wäre es, wenn du die Wildsau mit bloßen Händen erlegst«, merke ich an.

»Gott, die armen Schweinis«, ruft Susi Liebmann erneut. Und Frau König mahnt, jetzt doch bitte die Theorie beiseite zu lassen und sich gemeinsam ernste Gedanken zu machen, wie sich diese eklatante Entwertung unserer Grundstücke verhindern lasse. Sie schlage die Gründung einer Bürgerinitiative vor.

»Wir brauchen politischen Druck. Ich kontaktiere den Bürgermeister«, sagt Herr König und zückt gleich den Blackberry, um seine To-do-Liste zu aktualisieren.

»Wir brauchen Öffentlichkeit. Wir brauchen Social Media. Vielleicht einen YouTube-Clip, der dann viral wird«, sagt Blockhaus-Samy.

»Wir brauchen erstmal einen Namen«, sagt Blockhaus-Dany. »Ich schlage vor: ›Blumfelder Bürger gegen Schweinemast‹.«

»Nicht einprägsam genug. Wie wäre es mit ›Initiative: Bürger sagen Nein zum Schwein‹«, sagt Koi-Karsten.

»Aber Schatz, wir sagen ja nicht Nein zum Schwein. Nur zum Schweinestall. Schweine sind sehr intelligente und soziale Wesen. Wusstest du, dass im chinesischen Horoskop dem Schwein das Wasser als Element zugeordnet ist?«, sagt Koi-Kerstin.

»Vielleicht irgendwas mit Sauerei?«, überlegt mein Mann. »›Stoppt die Sauerei: Blumfelds Bürger wehren sich‹.«

»Wenn schon dann bitte ›Blumfelds Bürgerinnen und Bürger‹«, sage ich.

»Zu lang«, sagt die König. »Und hier ist jetzt nicht der Ort für feministische Debatten.«

»Die armen Schweinis, ich weiß gar nicht, wie ich das Lotti und Lisi erklären soll«, greint die Liebmann. Apropos, wo sind eigentlich die Liebmann-Kinder?

»Was denn, DU bestehst doch immer auf Produkten aus der Region«, sagt Herr Liebmann, der sich bislang auffallend zurückgehalten hat. »Und wenn die Wurst jetzt direkt vor unserer Haustür gemacht wird, ist es dir auch wieder nicht recht.«

Hoppla, ist da etwa wirklich Ärger im Paradies? Alle schauen etwas irritiert auf Liebmann, der, seit ich ihn kenne, noch nie uneins war mit seiner Frau.

»Was glotzt ihr so? Ist doch wahr«, ruft er. »Ist doch total verlogen, sich einerseits jeden Morgen schön die Leberwurst aufs Brot zu packen und dann ein Problem damit zu haben, wenn hier in unserer Nachbarschaft ein paar Schweine einziehen.«

»Es ist Bio-Leberwurst«, sagt Susi Liebmann spitz. »Bio-Leberwurst von glücklichen Schweinen.«

»Ach, und du glaubst, deine Bio-Schweine werden in

Fünf-Sterne-Hotels gehalten und auf Himmelbettchen gelagert, oder was? Die leben auch in Ställen«, giftet Liebmann zurück.

»Wen kümmern denn die Schweine? Darum geht es doch gar nicht. Es geht hier um uns. Um unser Geld«, wirft die König ein. »Wir alle haben hier in dieser Straße bleibende Werte geschaffen. Etwas, was wir unseren Kindern überlassen wollen, wenn wir sterben. Mit der Schweinemastanlage halbiert sich der Wert unserer Häuser. Denken Sie doch an Ihre Kinder, Herr Liebmann.«

»Ja, denk du ruhig mal an unsere Kinder!«, ruft die Liebmann aufgebracht.

»Wo sind die Zwillinge eigentlich?«, frage ich.

»Bei meiner Mutter«, schnieft Susi Liebmann. »In Sicherheit!«

»Ich spüre da eine ganz starke Spannung zwischen euch«, sagt Koi-Kerstin in sanftem Ton. »Wollt ihr hier in dieser Runde vielleicht drüber reden?«

»Nur über meine Leiche«, ruft die König. »Wir haben Wichtigeres zu besprechen.«

»Das finde ich auch«, sagt Liebmann. »Ich geh dann mal. Viel Spaß noch, macht mal ohne mich weiter. Meinetwegen soll Hansen ein Atomkraftwerk auf seinen Rübenacker setzen.«

Dann schwingt er sich aus dem Sofa, schnickst sich noch eine Olive in den Mund und verschwindet grußlos. Susi Liebmann ist den Tränen nah, Koi-Kerstin tätschelt ihr die Hand, Blockhaus-Samy rollt genervt mit den Augen, und die König köpft eine Flasche Schampus.

»So, jetzt stoßen wir erstmal auf unsere Bürgerinitiative an«, sagt sie und verteilt Sektflöten.

»Fürs Erste brauchen wir eine Schriftführerin für die Sitzungsprotokolle. Wer kann denn hier gut schreiben?«

Alle schauen mich an, und ich stammle, dass ich ja jetzt schon das Kassenbuch im Schützenverein führen muss, aber das lässt die König nicht gelten. »Sie machen das schon!«, sagt sie. Und bietet gleich an, selbstverständlich als Gesicht der Bewegung zur Verfügung zu stehen, sollte es Presseanfragen und Interviewwünsche geben.

»Aber wir haben doch noch keinen Namen«, kräht Blockhaus-Samy.

»Ich hab's«, ruft mein Mann. »›Initiative: Blumfeld soll kein Saustall werden‹.«

Die Begeisterung in der Runde ist mäßig, aber es fällt auch jetzt niemandem etwas Besseres ein, und deshalb vertagen wir uns.

Wir holen Ben und Hannah aus dem perfekt aufgeräumten königlichen Kinderzimmer ab, wo sie – von Charlotte und Jonathan vorzüglich angeleitet – Origamischwäne gefaltet (Ben) und Bauklotztürme gebaut haben (Hannah), werden von Frau König schnell und noch auf Socken hinauskomplimentiert und friemeln uns und den Kindern auf den Steinstufen vor der Haustür balancierend unsere Schuhe wieder an.

»O Mann, ich weiß gar nicht, ob ich mich überhaupt wohl fühle bei dem Gedanken, jetzt hier eine Bürgerinitiative zu gründen«, sagt mein Mann am nächsten Morgen, als wir wieder unter unserem blauen Dach beim Frühstück sitzen.

»Jetzt auf einmal? Du hast dir doch sogar den Namen ausgedacht.«

»Ja, aber ein bisschen hat Liebmann ja recht. Es ist schon ganz schön bigott, sich über Schweinemast aufzuregen und sich gleichzeitig jeden Tag ein Schnitzel zu braten. Und irgendwo muss so ein Stall ja stehen.«

»Aber doch nicht vor unserer Tür«, sage ich fassungslos.

»Wieso denn nicht vor unserer Tür? Vor irgendjemandes Tür muss so ein Stall eben stehen. Wenn es nicht uns trifft, dann trifft es andere. Die Konsequenz wäre, dass wir jetzt alle Veganer werden.«

»Schatz, es gibt deutlich bessere Orte für eine Schweinemastanlage als das Feld hinter unserem Haus. Außerdem macht Hansen das doch in Wahrheit nur, um uns zu ärgern.«

»Blödsinn!«

»Doch, ich schwöre dir, der Mann hat was gegen Zugezogene aus der Stadt. Die Dörfler hier halten uns Städter alle für Idioten. Hansen freut sich diebisch darüber, wenn er uns eins auswischen kann. Wenn er unseren kleinen Traum vom gutem Leben durchkreuzen kann und dabei auch noch Geld verdient.«

»Du bist paranoid«, sagt mein Mann und schnappt sich Pupsi, um eine große Gassirunde zu drehen.

Toll, dann bleibt mir die Aufgabe, die Ameisenleichen aus unserer Garage zu saugen, denn nach erfolgreichem Paarungsflug sterben die Männchen, während die Weibchen neue Kolonien gründen. Gar nicht so doof, diese Ameisen, denke ich grimmig, während sich Ben und Hannah darum zanken, wer auf dem Staubsauger sitzen darf.

Ich schaue auf meine beiden Kinder, die ein Grund dafür waren, hier nach Blumfeld zu ziehen, und frage mich

153

kurz, ob der Preis vielleicht zu hoch war: Ameisenplage, Schweinemastanlagen, Bürgerinitiativen, Schützenfeste – das alles war eigentlich nicht Teil meiner Vision vom entspannten, stinknormalen Durchschnittsleben im Speckgürtel. Kurz überkommt mich eine massive Sehnsucht nach unserer Stadtwohnung. Sogar nach einem Nachmittag auf dem Spielplatz. Nach den Spielplatzmuttis, nach Bio-Bärbel aus der alten Kita, nach dem netten Eisverkäufer, nach all meinen Freundinnen mit ihren Projekten und Weltreiseplänen, vor denen ich eigentlich hierher geflüchtet war.

»Darf ich kurz stören?« Plötzlich seht Susi Liebmann im geöffneten Garagentor, die blonden Locken stehen ihr wild vom Kopf ab, und sie trägt heute kein Rot, sondern Schwarz – beinahe hätte ich sie nicht erkannt.

Ich stelle den Staubsauger aus, auch wenn Ben und Hannah sofort lautstark protestieren.

»Du musst mir Steine leihen!«, sagt sie.

»Steine? Was für Steine?«

»Natursteine. Du hast doch auch welche, rund um deine Beete. Kannst du ein paar entbehren? Ich kann mir das nicht weiter bieten lassen, dieser Mann ist … ist …« Dann bricht ihr die Stimme weg. Susi Liebmann lässt sich auf einen Stapel aus Rindenmulchsäcken plumpsen und schluchzt.

Ich schnappe mir Hannah, erlaube Ben zu dessen großer Freude allein weiter zu saugen und ziehe Susi Liebmann in meine Küche. Koche einen Kaffee und höre mir das ganze liebmannsche Elend an: Seit kurzem sei ihr Mann völlig verändert, erzählt sie. Die Paartherapie habe ihnen eigentlich so gut getan. Und jetzt das.

»IHR macht eine Paartherapie?«, frage ich entgeistert.

»Schon seit einem Jahr«, wimmert Susi Liebmann. »Aber vor ein paar Wochen ging es um ... ach, ist auch egal. Jedenfalls kam heraus, dass wir eigentlich ganz unterschiedliche ... Bedürfnisse haben, wenn du verstehst.«

Und ob ich verstehe!

»Und jetzt ist nichts mehr so wie vorher. Er hat sogar unsere Schmetterlingswiese gemäht.«

»Schmetterlingswiese?«

»Ja, ich möchte einen Naturgarten, mit hohem Gras und vielen Wildblumis, auf denen sich die Schmetterlinge niederlassen können. Er will das plötzlich alles nicht mehr. Also gut, habe ich gesagt, dann teilen wir den Garten eben, eine Hälfte bleibt Schmetterlingswiese, den Rest kannst du ja nach deinen Vorstellungen gestalten. Und dann ... dann ...«

Ich reiche ihr ein Taschentuch und schenke Kaffee nach.

»Dann hat er einfach jede Woche eine Bahn mehr von MEINEM Wiesenteil gemäht. Er hat mir nach und nach meine Wiese geklaut. Jetzt versteckt er meine Steine. Ich hatte so schöne Arrangements gebaut, alles weg.«

Sie seufzt und dreht sich eine blonde Strähne um den Finger. »Deshalb musst du mir Steine leihen. Ich muss ihm zeigen, dass ich mir das nicht bieten lasse. Und wenn ich an meine beiden Kleinis denke und wie traurig die sein werden, wenn sie den Garten sehen, dann könnte ich ihn umbringen.«

»Nicht doch!«, sage ich. »Deine beiden Kleinis wären noch viel trauriger, wenn du ihren Vater erschlägst. Das wird schon wieder. Und ich müsste jetzt auch mal wieder nach meinem Kleini schauen. Bedien dich einfach bei den Steinen. Das wird schon wieder zwischen euch.«

Dann schiebe ich Susi Liebmann vor die Tür in Richtung Vorgartentulpenbeet, wo sie meinetwegen so viele Steine sammeln kann, wie sie will. Und schaue nach Ben, der immer noch mit dem Staubsauger in unserer Garage hantiert.

»Mama, darf ich auch im Garten staubsaugen?«

»Nein Schatz, aber in deinem Kinderzimmer, wenn du möchtest.«

Er möchte. Ein Hoch auf die Kinderarbeit! Und ich hoffe still, dass sich auch gleich das Legochaos auf Bens Kinderzimmerboden auf diesem Weg in Luft auflöst. Ich trage den Staubsauger also hoch in Bens Zimmer, Hannah darf sich weiterhin auf dem brummenden Gehäuse festkrallen, und Ben beginnt, akribisch um sein Spielzeug herum zu saugen. Das kann noch dauern. Ich nutze die Gelegenheit, um nachzusehen, wie es meiner einsamen Geflügelliebhaberin ergeht und ob Hansen schon angebissen hat. Siehe da: Er hat! Und ich bin doch überrascht, wie galant der alte Zausel sein kann, wenn er denn will:

Verehrte Wilma1952,
   mit Freude habe ich Ihre Nachricht erhalten. Ja, Sie
   haben recht: Sie sehen im Hintergrund meines
   Profilbildes eine meiner vier Kanadagänse. Wie schön,
   eine Frau zu treffen, die einen Sinn für die Anmut
   dieser Tiere hat. Darf ich fragen, wie Sie zu diesem
   Hobby gekommen sind? Und wie es kommt, dass

eine patente und schöne Frau wie Sie auf diesem Wege einen neuen Lebenspartner sucht?

Ich erwarte freudig Ihre Antwort und verbleibe hochachtungsvoll:

Ihre

TreueSeele1943

»Was machst du denn da?«, fragt mein Mann direkt hinter mir. »Hast du Sehnsucht nach DHL-Simon? Shoppst du wieder im Internet?«

»Oh, hab dich gar nicht gehört«, sage ich und klicke schnell meine Profilseite weg. »Das war aber eine lange Gassirunde. Und nein, ich shoppe nicht. Ich arbeite. Für unsere Bürgerinitiative ›Blumfeld soll kein Saustall werden‹. Ich kümmere mich hier gerade um die Obersau.«

»Aha, was immer das heißen soll. Apropos Obersau: Hast du Ben erlaubt, mit dem Staubsauger zu spielen?«

Ja, hatte ich. Aber jetzt, wo mein Mann mich danach fragt, fällt mir auf, dass es schon eine ganze Weile viel zu still ist. Und so verbringen wir den Rest des Nachmittags damit, Ameisenleichen aus Ben Flauscheteppich zu zupfen, denn Ben hat nach erfolgreicher Zimmerbodenreinigung den Staubsaugerbeutel zwecks weiterer Untersuchungen kurzerhand auf seinem Teppich wieder ausgeschüttet …

Was mache ich hier eigentlich?

Die Krise geht weiter. Und dann ist auch noch Kindergeburtstag

Die nächsten Wochen sind von drei wichtigen Themen bestimmt: Der sich immer stärker radikalisierenden Bürgerinitiative »Blumfeld soll kein Saustall werden«, meiner sich intensivierenden Onlineromanze mit Bauer Hansen sowie den Vorbereitungen für Bens sechsten Geburtstag, der – wenn es nach Ben geht – in seiner Opulenz der Krönungszeremonie eines orientalischen Märchenkönigs in nichts nachstehen soll. Vorbei die Zeit, als es reichte, ein paar Kinder einzuladen und sie dann fröhlich sich selbst zu überlassen. Ben ist inzwischen Geburtstagsprofi und weiß von diversen Besuchen auf den Feiern seiner Kita-Kumpels, was man als Sechsjähriger heutzutage erwarten darf: ausgeklügelte Schnitzeljagden, Ponyhofbesuche, gemietete Hüpfburgen im Vorgarten, Zauberer und Clowns, allesamt mit einem Hochschuldiplom im Kinderschminken, die die ganze Geburtstagsgesellschaft ins Delirium animieren.

Doch solange Ben sich nicht entscheiden kann, ob seine große Sause ein Ritter-, Piraten- oder Dinosauriergeburtstag werden soll, kann ich mich noch anderen Themen widmen, zum Beispiel der von mir erfunden perfekten Frau für Bauer Hansen:

Liebe TreueSeele1943,
halten Sie mich ruhig für verrückt, aber ich ertappe
mich dabei, dass ich immer öfter an Sie denke. Mir
imponieren Ihre Zuchterfolge bei den Kanadagänsen,
und mit großem Interesse habe ich von Ihren
belgischen Zwerghühnern gelesen. Ich male mir aus,
wie gut wir uns bei der Stallpflege ergänzen könnten.
Seit dem Tod meines Mannes vor 15 Jahren fehlt es mir
besonders, meine Kochkünste »an den Mann bringen«
zu können, wenn Sie verstehen, was ich meine.
Rindsrouladen an Wirsinggemüse macht man ja nicht
mal eben so für sich allein. Wie schön wäre es, jeden
Tag für jemanden wie Sie zu kochen und dann
gemeinsam am Tisch zu schweigen – ich rede nämlich
nicht so gern und finde es vor allem schön, miteinander
still zu sein. Verraten Sie mir Ihr Lieblingsgericht?
Herzlich, Ihre Wilma1952

Es dauert nicht lang, da bekommen Wilma und ich Post
von Hansen – auch virtuelle Liebe geht eben durch den
Magen.

Liebe Wilma1952,
ich habe gleich gespürt, dass da eine ganz besondere
Verbindung zwischen uns ist: Rindsrouladen mit
Wirsinggemüse sind tatsächlich mein Leibgericht!
Auch ich muss häufig und intensiv an Sie denken. Ich
betrachte Ihr Profilbild und entdecke so viel Wärme und
Güte in Ihrem Blick. Und dass ich auf diesem Wege
jemandem begegnen könnte, der einen Sinn für die
Geflügelzucht hat, hätte ich in meinen kühnsten

Träumen nicht erwartet. Wir sollten uns unbedingt besser kennenlernen. Was halten Sie von einem baldigen Treffen?
Immer der Ihre,
TreueSeele1943

So, der Fisch hat endgültig angebissen. Jetzt heißt es, unseren Wendehammer-Romeo ein bisschen zappeln zu lassen. Soll er sich ruhig noch ein paar Tage nach einer Antwort von seiner virtuellen Angebeteten verzehren. Beiläufig frage ich meinen Mann, ob er denn was gehört habe von Hansen in punkto »Frauensuche im Internet«.

»Oh, läuft gut, da gibt es wohl eine sehr vielversprechende Kandidatin«, sagt mein Mann, der auf mein Drängen hin die Beratung von Bauer Hansen auf ein Minimum reduziert hat.

»Du könntest deine guten Kontakte zu deinem Freund ruhig nutzen, um ein bisschen Einfluss auszuüben und diesen Schweinestall zu verhindern«, sage ich.

»Hansen sagt dazu aber nicht viel. Er behauptet, das sei alles noch gar nicht klar, was mit den Feldern hinter unseren Häusern passiert, und er prüfe gerade entsprechende Angebote.«

Diese Neuigkeit gibt unserer Bürgerinitiative neuen Schwung: Es ist also noch nichts entschieden. Wenn man Hansen schon nicht am Verkauf der Felder hindern kann, dann sollten wir wenigstens versuchen zu beeinflussen, an wen er sie verkauft.

»Ein Golfplatz wäre doch eine Alternative«, frohlockt Frau König bei unserem nächsten Treffen, das dieses Mal bei den Koi-Züchtern stattfindet. »Es gibt hier ja weit und breit keine gute 18-Loch-Anlage. Das wäre doch auch eine Aufwertung dieser ja noch sehr bäuerlich geprägten Umgebung. So würde Blumfeld auch endlich für die richtige Klientel interessanter.«

»Was soll denn das heißen – die richtige Klientel«, fragt Blockhaus-Dany säuerlich. »Sind wir Ihnen hier nicht gut genug oder was?«

»Na, ich denke eben an meine beiden Kinder. Sie mögen ja ein patenter junger Mann sein, Dany, aber Ihr Sohn ist definitiv kein Umgang für meinen Nachwuchs. Und die Dorfkinder ganz sicher auch nicht. Wissen Sie, wie schwierig es ist, hier ein gutes Gymnasium zu finden? Oder einen Cello-Lehrer, der etwas taugt?«

Jedenfalls werde sie sich gleich mal unter ihren Bekannten umhören, da sind ja viele Golfspieler dabei, und der Gemeinderat dürfte von der Notwendigkeit eines Golfplatzes auch leichter zu überzeugen sein als von einem Schweinestall.«

»Der Gemeinderat schon, aber Hansen sicher nicht. Dem ist jeder Schweinemäster näher als ein Golfplatzinvestor«, werfe ich ein.

»Und bei einem Golfplatz hier gleich nebenan hätte ich schon auch Sorge, das meine Kleinis mal so einen Ball auf den Kopf kriegen, ganz ehrlich«, sagt Susi Liebmann, die heute ohne ihren Gatten da ist und einen irgendwie ausgeknipsten Eindruck macht, so als habe man ihr die Gute-Laune-Drogen weggenommen.

»Und man weiß nie, ob all die Spieler und Besucher uns dann nicht hier unseren Wendehammer zuparken, Liebling«, wirft Herr König ein.

»Wir können die Felder doch besetzen und dann ein

Musikfestival dort organisieren, so wie in Woodstock«, sagt Blockhaus-Samy, springt vom Sofa auf und fragt, ob man hier denn nicht auch mal ein bisschen Musik anmachen könne, »ist ja immer so still bei euch, und wir sind hier ja kein Trauerverein, oder?«

»Nächstes Mal bringe ich meine Gitarre mit und dann schreiben wir zusammen einen Protestsong«, schlägt Blockhaus-Dany vor.

»O ja, zusammen singen, ich sing ja so gern. Machen wir das nächste Treffen bei mir, ja? Dann können auch meine Kleinis mitsingen«, ruft die Liebmann wieder etwas hoffnungsfroher. Nur die König kriegt ganz schmale Lippen, und Herr König trommelt mit seinem Kugelschreiber nervös auf seinem Blackberry herum und mahnt an, bitte wieder vernünftige Vorschläge zu machen, er habe schließlich nicht den ganzen Tag Zeit.

»Ich bin für Naturschutz«, sagt Koi-Karsten und schenkt allen grünen Tee nach. »Ich meine: Naturschutz als Waffe. Es gibt sicher eine seltene Wachtelart oder ähnliches, die in diesen Feldern brütet und die unter Naturschutz steht.«

»Ein Kumpel von mir will eine Moto-Cross-Anlage aufbauen, den könnte ich auch mal fragen, ob er bei Hansen nicht mitbieten will. Wäre ja vielleicht cool auch für die Kids hier«, sagt Blockhaus-Dany.

»Moto-Cross? Sind Sie geisteskrank?«, ruft die König schrill. »Wir wehren uns gegen die Schweinemastanlage, weil sie Dreck und Krach macht und unseren Ausblick verschandelt und Sie kommen hier mit Moto-Cross?«

»Ich will einfach nur, dass alles so bleibt wie es ist«, wimmert Susi Liebmann, während ihr Koi-Kerstin den

162

Nacken massiert. »Es war doch alles so schön, wie es war.«

»Jaja, nun beruhigen Sie sich und lassen Sie Ihre privaten Probleme mal zu Hause«, sagt die König streng. »Ich habe das Gefühl, bei Hansen kommen wir nur mit ganz harten Bandagen voran. Wir müssen Druck machen. Ihn öffentlich diskreditieren.«

»Dany hat vom Jagen bestimmt noch ein paar Hasenköpfe übrig. Wir könnten ihm ja einen vor die Tür legen, so wie in den amerikanischen Mafiafilmen«, gluckst Blockhaus-Samy.

»Das wird ihn kaum beeindrucken. Hansen fürchtet sich nicht vor Tierkadavern, der hat ein Herz aus Stein«, sagt Koi-Kerstin finster.

Na, wenn sie sich da mal nicht täuscht! Hansen mag zwar etwas nassforsch rüberkommen, aber ich weiß natürlich, dass er in Wahrheit der romantischste Geflügelbauer dieser Welt ist. Wer sonst könnte so etwas Schönes schreiben, wie das, was ich in den letzten Tagen in meinem Online-Briefkasten gefunden habe:

Verehrte Wilma1952,
ich kann nicht mehr schlafen. Seit drei Tagen warte ich nun auf eine Nachricht von Ihnen und fürchte, Sie mit meinem ungestümen Vorpreschen möglicherweise erschreckt zu haben. Bin ich Ihnen zu nahe getreten, als ich Sie um ein Treffen bat? Ich könnte den Gedanken nicht ertragen, dass Sie nun schlecht von mir denken. Bitte melden Sie sich.
Ihre TreueSeele1943

Verehrte Wilma1952,

wieder ein Tag und keine Nachricht von Ihnen. Ich bin untröstlich! Was muss ich tun, um diese Verbindung zwischen uns, die ich doch so stark und klar verspürt habe, nicht abreißen zu lassen? Ich dachte, dass Sie ähnlich empfinden wie ich. Habe ich mich so getäuscht?

Verzagt, aber immer der Ihre:

TreueSeele1943

Verehrteste Wilma,

bitte quälen Sie mich nicht so. Die Ungewissheit macht mich verrückt. Ist Ihnen möglicherweise etwas zugestoßen? Gibt es einen anderen, dem Sie nun Ihre Zeit und Ihr Herz schenken? Mit Zurückweisung kann ich leben, nicht jedoch mit dem Gedanken, dass Sie einfach so ohne ein Wort wieder aus meinem Leben treten. Bitte melden Sie sich!

TreueSeele1943

Oha, da ist meine Strategie ja wohl mehr als aufgegangen! Hansen hängt am Haken und leidet Höllenqualen. Fast könnte ich ein wenig Mitleid haben, doch nachdem ich gerade erst einen ganzen Abend damit zugebracht habe, mich in die Finanzstrukturen des Blumfelder Schützenvereins einzufinden, dessen Kassenwartin ich jetzt unfreiwilligerweise bin, ist mein Rachebedürfnis noch nicht befriedigt. Jetzt heißt es, Wilma1952 noch ein wenig geheimnisvoller und begehrenswerter zu machen. Ich schreibe also zurück:

Liebe TreueSeele1943,

bitte vergeben Sie mir. Und glauben Sie mir, wenn ich Ihnen sage, dass auch ich täglich an Sie denke und ein erstes Treffen herbeisehne. Doch es gibt einen Schatten in meinem Leben, etwas aus meiner Vergangenheit, das mich einholt und unser Glück beschädigen könnte. Ich bin mir noch nicht sicher, ob ich Ihnen das Wissen um diese dunkle Seite meiner Vita zumuten möchte. Bitte geben Sie mir noch ein wenig Zeit.

Sehnsuchtsvoll und ganz die Ihre,

Wilma1952«

So, an diesem Knochen darf Hansen nun ein bisschen nagen und sich ausmalen, was für ein furchtbares Geheimnis seine Wilma wohl mit sich herumträgt und ob er sie aus ihren Qualen erretten kann. Das verschafft mir ein paar Tage Zeit, um mich endlich mit Bens sechstem Geburtstag zu befassen. Und um all die absurden Geschenkvorschläge meiner Mutter abzuwehren, die mich momentan fast täglich anruft, um herauszufinden, was sich der Junge denn nun wünscht: »Ein Kinderspielhaus für den Garten? Einen Anhänger fürs Kettcar? Einen Tret-Traktor? Eine Tischtennisplatte? Wie wärs mit einem Planschbecken mit Rutsche?«

»Alles viel zu groß, Mama.«

»Ach, wieso das denn? Ihr habt doch jetzt Platz!«

»Nein, haben wir nicht, im Garten steht das Trampolin, und die Garage ist auch schon voller Zeugs.«

»Vielleicht solltet ihr euch ein Gartenhäuschen anschaffen.«

»Nur über meine Leiche, Mutter!«

»Also, was soll ich Ben schenken? Als ich ihn gefragt habe, hat er gesagt: ein Jagdmesser.«

»Wehe, Mutter. Bitte kauf einfach ein paar Legosteine.«

»Wie wäre es denn mit Meerschweinchen?«

»Nein, Mama! Legosteine!«

»Oder doch ein Kinderhaus?«

Ich lege auf. Ben hat inzwischen beschlossen, einen Piraten-Dinosaurier-Geburtstag feiern zu wollen. Aus der Kombination der beiden Thematiken verspricht er sich offenbar einen besonderen Kick für die geplante Schnitzeljagd. Und natürlich soll beinahe die gesamte Blumfelder Kita-Bande eingeladen werden, plus ein paar alte Kumpels aus der Stadt. »Und die Zwillinge. Und Charly und Jonathan. Und Jack, Mama. Bitte, kann ich Jack auch einladen?«

»Schatz ich weiß, dass du den Jack toll findest, aber schau mal, der ist schon sechzehn. Der geht nicht mehr auf Kindergeburtstage.«

»Doch!«, protestiert mein Sohn. »Tut er wohl. Ich hab ihn gefragt, und er hat gesagt, er kommt.«

Ich betraue also Benni-Papa mit der Koordination einer Schnitzeljagd, marschiere – nachdem die Kinder friedlich schlafen – rüber zum Blockhaus und drücke dem verdutzten Jack zwanzig Euro in die Hand, mit der Bitte, an Bens Geburtstag einfach ins Freibad zu gehen und irgendeinem süßen Mädchen seiner Wahl eine Portion Pommes oder ein Eis zu spendieren, nur bitte, bitte nicht auf Bens Kindergeburtstag aufzutauchen. Dann rufe ich Bio-Bärbel aus der alten Kita an, denn Ben will so gern ihren Sohn Ole dabeihaben und bedenkt dabei natürlich nicht, was

166

das für mich heißt: ein Nachmittag mit einer durchgeknallten Öko-Aktivistin, die natürlich mit dem Bus anreist
und nicht einfach nur ihr Kind hier ablädt, sondern für die
Dauer des Kindergeburtstages gleich dableibt und von
mir unterhalten werden möchte. Als Ausgleich lade ich
noch meine Freundin Sabine ein, die ist immerhin Bens
Patentante. Und außerdem habe ich sie seit einem halben
Jahr weder gesehen noch gesprochen, denn Sabine war
mit Mann und Kindern für ein halbes Jahr in den USA, wo
sie ein Semester lang eine Gastprofessur inne hatte.

»Ich überschlage das mal eben«, sagt Benni-Papa am
Abend vor Bens Geburtstag. »Das heißt, morgen kommen
ungefähr fünfzehn Kinder plus Bio-Bärbel und Sabine.
Was machen wir eigentlich, wenn es regnet?«

»Dann wirst du das als Spezialeffekt deiner Piraten-
schnitzeljagd verkaufen müssen«, brummle ich, während
ich vier Fertigkuchenpackungen zusammenschütte. »Im
Haus toben die mir jedenfalls nicht alle rum. Außerdem
hoffe ich, dass Bio-Bärbel einfach ein bisschen Unkraut
zupft, anstatt mich zuzutexten. Sind doch in Wahrheit bestimmt alles Heilkräuter, die Keimlinge in unserem Ro-
senbeet.«

»Ich schlage vor, wir teilen uns auf: Ich kümmere mich
um die Kinder und die Schnitzeljagd, du kümmerst dich
um Hannah, die Verköstigung und die anwesenden Erwachsenen, okay?«, sagt mein Mann.

Und weil ich gerade viel zu beschäftigt bin mit meinem
Kuchen, willige ich ohne groß darüber nachzudenken ein.
Außerdem mache ich mir Sorgen um das Geburtstagsge-
schenk meiner Mutter, denn sie wollte ja was schicken,
und in den letzten Tagen habe ich immer sehnsuchtsvoll

am Fenster gestanden, sobald DHL-Simons gelber Laster in den Wendehammer einbog – doch leider war mein schöner Paketengel ausschließlich bei den Nachbarn und auffallend oft bei den Koi-Züchtern, wie ich nicht ohne einen Anflug von Eifersucht feststellen musste.

Am nächsten Tag ist Ben das zuckersüßeste Geburtstagskind der Welt. Sitzt wie ein kleiner König stolz und rotwangig am Frühstückstisch und freut sich über seinen neuen Fußball und zwei Lego-Star-Wars Raumschiffe. Hannah hat sich den Schokoladengeburtstagskuchen schon großzügig im Gesicht und in den Haaren verteilt, mein Mann und ich stoßen mit einem Glas Sekt auf unseren Erstgeborenen an und wappnen uns innerlich für den Nachmittag, an dem die Gäste bei uns einreiten.

Da klingelt es.

»Überraschung!!!«, kräht eine mir wohlbekannte Stimme, als Benni-Papa die Tür öffnet. »Ja, wo ist denn mein Geburtstagsschatz? Ja, wo ist er denn? Aus, Pupsi, aus! Ja, du bist auch ein ganz Feiner. Ein ganz Braver. Ja, die Oma hat dir auch was mitgebracht!«

»Omaaaaa!«, schreit Ben, springt von seinem Stuhl auf und kippt dabei seinen Geburtstagskakao um. In der Tür steht meine Mutter mit einem Koffer in der Hand, hinter ihr mein Mann mit einem gigantischen, in grellbuntes Geschenkpapier eingewickelten Paket und einem Gesicht, als habe man ihm gerade eine Abrissbirne in die Magengegend gerammt.

»Ach je, ihr seid noch am Frühstücken? So spät? Komm Hannah, die Oma holt dir gleich mal einen Waschlappen, du hast ja alles voller Schokolade.«

»Mutter, was machst du denn hier?«, frage ich und versuche, dabei nicht allzu entsetzt auszusehen.

»Na, ich werde doch wohl meinen Enkelsohn noch zu seinem Geburtstag besuchen dürfen! Außerdem war das Geschenk viel zu sperrig, um es mit der Post zu schicken, da habe ich mich eben schnell ins Auto gesetzt.«

»Ich will aufmachen, ich will aufmachen!«, schreit Ben und tanzt und hüpft um das Paket herum.

»Keine Angst, es ist kein Jagdmesser«, sagt meine Mutter zu mir, aber davon war ich auch nicht ausgegangen, denn dafür ist dieser Karton eindeutig zu groß. Mir schwant trotzdem schlimmes.

Zu Recht!

Als Ben mit Pupsis Hilfe das bunte Geschenkpapier vom Karton gezogen hat, sehe ich, was meine Mutter als ein adäquates Geschenk für einen Sechsjährigen ansieht: ein riesengroßes, quietschbuntes Kinderspielhaus. Aus Plastik!

»Ein Haus! Für mich! Papa, kannst du das aufbauen? Jetzt gleich? Bitte, Papa!«, schreit Ben.

»Mutter, das Teil ist riesig. So viel Platz haben wir doch gar nicht im Garten. Und Ben ist eigentlich zu alt für ein Spielhaus«, sage ich gequält.

»Was denn? Er freut sich doch!«, gibt meine Mutter beleidigt zurück.

»Musste es denn unbedingt aus buntem Plastik sein? Es gibt ja auch ganz schöne aus Holz …«, merkt mein Mann an.

»Ach, Holz ist doch viel zu empfindlich. Außerdem hat dieses Haus ein blaues Dach, so wie eures. Also kommt mir nicht so. Ich bin eine erwachsene Frau, und ich darf meinem Enkelsohn schenken, was ich will. Stimmt's Ben?«

»Voll geil, Oma!«, schreit Ben enthusiastisch, dabei weiß ich jetzt schon, dass der Reiz seines Spielhäuschens nach spätestens drei Tagen verflogen sein wird, wenn Ben wieder einfällt, dass er ja nun schon groß ist und kein Baby mehr. Und Hannah wird vermutlich auch nicht davon profitieren, denn die findet grundsätzlich nur das interessant, was ihr großer Bruder spannend findet – einmal aufgebaut wird das Plastikdomizil vermutlich ein paar Wochen lang sperrig und bunt in unserem Garten rumstehen, um dann auf ewig unsere ohnehin schon supervolle Garage zu verstopfen. Schönen Dank auch, Mutter!

Bis zum Eintreffen der Geburtstagsgäste ist Benni-Papa jedenfalls damit beschäftigt, die offensichtlich von einer fehlerhaften Software aus dem Chinesischen ins Deutsche übersetzte Bauanleitung für das Plastikhaus zu entschlüsseln und leise fluchend Plastikbolzen in Bauteile zu hämmern. Ben und Hannah sitzen im Gras und schauen zu. Meine Mutter feudelt und wischt im Haus herum, weil ich ihrer Meinung nach nicht in der Lage bin, richtig sauber zu machen. Und ich baue ein Buffet aus Schokokuchen, Apfelsaft, Obstschnitzen, Gummibärchen, Erdnussflips und Schoküssen auf, um die Kinder auf einen anständigen Zuckerpegel zu bekommen.

Bio-Bärbel kommt natürlich als erste, eine halbe Stunde zu früh, überreicht mir eine Salzkristalllampe (die sie per Versandhandel selbst vertreibt) und erzählt – nachdem sie mich ungewöhnlich heftig umarmt hat – dass ihr Sohn Ole und sie gerade heute morgen noch von einem heftigen Magen-Darm-Virus befallen waren, nun aber glücklicherweise Dank der Einnahme von Nux-Vomica-Globuli wieder quietschfidel und auch sicher nicht ansteckend sind.

»Ach, so schön hier draußen in der Natur, also ich träume ja immer noch von einem Haus in Holz-Lehm-Bauweise. Die haben ein so tolles Raumklima und sind total nachhaltig. Kompostiert sich quasi von selbst, so ein Haus«, schwadroniert sie, während sie in viele bunte Hanfschals gewickelt unseren Garten abschreitet.

Irre, denke ich, da ist der Mensch endlich so weit, sich innerhalb von einem Tag massive Eigenheime aus Fertigbauteilen irgendwo in die Landschaft stellen lassen zu können, da träumt eine wie Bio-Bärbel davon, sich ihre Hütte wieder aus Matsch und Stroh zusammenzuschmaddern, wie man es vor 2000 Jahren gemacht hat.

Ole, der sonst natürlich unter gar keinen Umständen Zucker essen darf und auch an Festtagen nur Vollkornkuchen mit Fairtrade-Bio-Kakao-Glasur bekommt, stürzt sich schon mal auf mein Buffet. Und Ben packt sein Geschenk aus – eine Salzkristall-Lampe fürs Kinderzimmer. Dann nimmt er die übrigen Gäste in Empfang: Die Liebmann bringt ihre Zwillingsmädchen vorbei, die sich sofort in das neue Plastikspielhaus verziehen. Die Kindergartenfreunde stürmen alle in perfekter Piratenverkleidung unseren Garten, die Königskinder Charlotte und Jonathan kommen unverkleidet und auch »nur für eine Stunde« vorbei, weil zu Hause noch Oboe geübt und Französischvokabeln gelernt werden müssen.

Und endlich kommt auch mein Geburtstagsbesuch – meine Freundin Sabine, mit einem Sixpack Bier unterm Arm und einem ferngesteuerten Auto für Ben. »Du bist meine Rettung, ich bin so froh, dich zu sehen!«, raune ich ihr zu, während Benni-Papa sich eine Augenklappe und einen alten Hut aufgesetzt hat und mit viel »Harr, harr, harr« seine Piratenmannschaft um sich versammelt, um die Schnitzeljagd beginnen zu lassen.

»Schaut Männer, diese Schatzkarte hier habe ich in Captain Carusos hohlem Holzbein gefunden. Lasst uns losziehen und den Schatz finden!«

»Aye, aye«, schreit die Kinderhorde und stürzt durchs Gartentor auf die Straße.

So, eine Stunde Ruhe. Pupsi leckt und schlabbert schon mal die ersten Kuchen- und Chipsbrocken unterm Buffet weg, meine Mutter und Bio-Bärbel unterhalten sich angeregt über unsere in ihren Augen völlig misslungene Gartengestaltung (»So viel ungenutzte Fläche, da könnte man doch Nutzgemüse anbauen. Und vielleicht sollte man ihr auch noch mal erklären, dass Zitronenschalen nicht auf den Kompost gehören. So ein Kompost ist ja kein Ersatz für den Biomüll!«).

»Und? Wie geht es dir so hier draußen? Was macht dein Erdbeermarmelade-Projekt?«, fragt mich Sabine und reicht mir ein kaltes Bier.

»Erdbeermarmelade-Projekt?« Ich stehe auf dem Schlauch. »Wovon sprichst du?«

»Na, du hast uns doch diesen langen Vortrag gehalten, dass du hier rausziehen wolltest, um endlich in Ruhe Erdbeermarmelade zu kochen. Du wolltest endlich ein ganz normales spießiges Durchschnittsleben führen und dich nicht mehr mit den ganzen Spielplatzmuttis vergleichen müssen.«

Tja. Ich atme tief durch, nehme noch einen Schluck

Bier und erzähle dann, warum ich bislang immer noch nicht dazu gekommen bin, Marmelade zu kochen. Weil ich die Frau des örtlichen Schützenkönigs bin und durch eine Verquickung absurder Umstände das Schützenvereinskassenbuch führen muss. Weil es da eine Bürgerinitiative gegen die Errichtung einer Schweinemastanlage hinter unserem Haus gibt, für die ich mich engagiere, sowie eine erfundene Onlineromanze, die in Wahrheit Teil eines Racheplans ist, mich aber trotzdem Zeit kostet. Weil ich außerdem die Erdbeerzeit damit verbracht habe, aus einer Brache einen einigermaßen ansehnlichen Garten zu machen. Und weil ich, um Erdbeeren zu kaufen, ins nächste Kaff in den Supermarkt fahren muss, was nur alle zwei Wochen geht, wenn ich das Auto habe.

Sabine schmunzelt und nippt an ihrem Bier. »Und was sind das für Leute, mit denen du hier draußen rumhängst?«

Ja, was sind das für Leute? Ich erzähle von meiner wöchentlichen Krabbelgruppe, vom polyamoren Biobauern, den Supermuttis aus der Neubausiedlung, den Dörflerinnen, die ihre Abneigung gegen uns Neubewohner nur schwer verbergen können, von Bauer Hansen, den Blockhausbewohnern mit ihrem verhaltensauffälligen Sohn Jack, den spießigen Königs in ihrem Vorstadtschlösschen, von Koi-Karsten, der den ganzen Tag seinen Kiesgarten harkt und seine Fische mehr als alles auf der Welt liebt, von Koi-Kerstin, die mit den Fischen eigentlich nicht viel am Hut hat und so gern ein Baby hätte, von DHL-Simon, meinem kleinen Schwarm, und von den Liebmanns, der ach so perfekten Familie, die aber gerade auseinanderbricht, weil ihn die Midlife-Crisis gepackt hat und seine Frau offenbar nicht auf Sadomaso-Spiele steht.

Sabine macht erst große Augen, dann hält sie sich den Bauch vor Lachen. »Ihr habt die Peitschen und Nippelklemmen echt einfach weggeschmissen?«

»Ja, wir wollten sie erst im Garten vergraben, hatten aber Angst, dass Pupsi die wieder ausbuddelt und dann mit Plüschhandschellen im Maul durch die Nachbarschaft stromert.«

»Und jetzt hängt da drüben der Haussegen schief?«

»Aber so was von. Richtiger Rosenkrieg. Sie versucht verzweifelt, ihre Vision von der glücklichen Familie aus der Margarine-Werbung aufrechtzuerhalten, und er boykottiert das wo er kann. Erst hat er ihre Schmetterlingswiese gemäht, dann ihre Natursteinarrangements zerstört, und neulich habe ich ihn dabei beobachtet, wie er einen kompletten Müllsack voller Duftkerzen und Trockenblumenpotpourries weggeschmissen hat.«

Wir kichern und stoßen an, und als ich mich kurz nach Hannah umdrehe, die erste Laufübungen auf der Wiese macht, bleibt mir das Kichern im Halse stecken, denn aus dem Fenster des Kinderhauses starren mich zwei Paar Augen mit finsterem, durchdingenden Blick an: die Liebmann-Zwillinge.

»Lotti, Lisi, seid ihr nicht mit auf die Schnitzeljagd gegangen?«, frage ich fassungslos.

»Wir wollen zu Mama«, sagt eines der Mädchen tonlos, und ich möchte am liebsten hier und jetzt sofort sterben bei dem Gedanken, dass die beiden gerade meiner hämischen Tirade über ihre Eltern zugehört haben.

»Ach kommt, bleibt doch noch ein bisschen, die anderen sind gleich zurück und dann spielen wir noch Eierlaufen«, sage ich übertrieben fröhlich, und Sabine hechtet gleich in Richtung Buffet, um ein Tellerchen mit Schokoküssen und Gummitieren zu holen und durch das Fenster des Plastikhäuschens zu reichen, so als könne eine massive Dosis Industriezucker die Zwillingshirne von all den schmutzigen Details befreien, die sie gerade mit anhören mussten.

Lisi und Lotti kauen mit starrer Mimik auf den Gummitieren rum und machen keine Anstalten, das Häuschen zu verlassen. Ich stammle noch was von »doofen Erwachsenenscherzen«, da tippt mir meine Mutter auf die Schulter.

»Vor der Tür steht ein junger Mann im Dinosaurierkostüm und fragt nach dir. Und findest du nicht, dass es ein bisschen früh ist für Bier?«

Nein, es ist nie zu früh für Bier, denke ich während ich zur Haustür gehe. Dort steht tatsächlich ein Tyrannosaurus Rex und bittet um Einlass, er müsse hier noch den Schatz vergraben und das Schokokuss-Katapult aufbauen.

»Jack!«, sage ich, denn die Stimme unseres Nachbarsjungen erkenne ich trotz Dinomaske. »Hatten wir nicht einen Deal? Solltest du nicht im Schwimmbad sein oder im Kino oder wo sich Jungs in deinem Alter sonst so rumtreiben?«

»Was denn? Ihr Mann hat mir zwanzig Euro gegeben, damit ich hier den Dinosaurier spiele. Also, was ist jetzt? Haben Sie eine Schaufel für mich? Ich muss den Piratenschatz vergraben! Und krieg ich auch ein Bier?«

Ich schicke also Jack mit einer Schaufel bewaffnet in den Garten, Pupsi verzieht sich angesichts des zähnefletschenden Dinos mit eingeklemmtem Schwanz ins Haus, und Hannah fängt sofort fürchterlich an zu weinen, was glücklicherweise meine Mutter für eine Weile beschäftigt. Eigentlich will ich mich schnell wieder um die verstörten Liebmann-Zwillinge kümmern, doch Bio-Bärbel hält mich auf und will mit mir noch mal über die Dämmung reden.

»Dämmung? Wovon redest du?«, frage ich verwirrt.

»Na, wie ihr das Haus gedämmt habt. Mit Styropor. Wirklich, du hättest dich nach ökologischeren Alternativen erkundigen können. Styropor macht so ein schlechtes Raumklima und ist auch so leicht entflammbar«, sagt Bio-Bärbel vorwurfsvoll.

»Wir haben das Haus nicht selbst gebaut und auch nicht gedämmt, weißt du? Und mit dem Raumklima kommen wir gut klar.«

»Aber vielleicht solltet ihr mal über Solarpanele auf dem Dach nachdenken. Und ich kann euch gern in Sachen Humustoilette beraten, falls ihr darüber nachdenkt umzurüsten. Wirklich, es lohnt sich, du sparst so viel Wasser.«

»Danke, Bärbel, ganz lieb, aber meine Feng-Shui-Beraterin hat mir davon abgeraten«, lüge ich und da bleibt Bio-Bärbel doch glatt der Mund offen stehen, denn dass ich eine Feng-Shui-Beraterin habe, übersteigt ihre Vorstellungskraft. Und meine ja irgendwie auch.

Von ferne höre ich Johlen und Rufen, die Piraten-Bande kommt zurück von der Schnitzeljagd. Jack hat sich in seinem Kostüm und mit einer Großpackung Schokoküsse hinter dem Spielzeughaus positioniert, in dem immer noch die verängstigten Liebmann-Zwillinge sitzen. Und kaum stürmen die Geburtstagsgäste in den Garten, werden sie von Jack mit lautem Dinosauriergebrüll und einem Schokokussbombardement begrüßt, das sich gewaschen hat. War ja klar, dass ein Waffenfreak wie unser sechzehnjähriger Nachbarsjunge ein Miniaturkatapult besitzt, mit dem sogar Schokoküsse präzise und mit scheinbarer Lichtgeschwindigkeit ins Ziel befördert werden können.

Jack lädt und schleudert und brüllt und lädt noch mal nach, und die Piratenbande kreischt und juchzt und versucht, die Schokoküsse zu fangen beziehungsweise abzuwehren. Und es dauert nicht lang, da sind alle Kinder von oben bis unten in klebrigen, weiß-braunen Zuckermatsch getaucht. Nur die Liebmann-Zwillinge sitzen immer noch im Häuschen und starren mit unbewegten Mienen aus dem Fenster.

Irgendwann geht Jack dann die Munition aus und er »ergibt« sich der klebrigen Horde, bittet um Gnade und will sich gerade mit seinen zwanzig Euro verdrücken, als Frau König durch unsere Terrassentür tritt. (Meine Mutter macht auch wirklich jedem die Tür auf, verdammt!)

»Charlotte! Jonathan! Was habt ihr … wie seht ihr … sofort mitkommen, ihr zwei!«, schnappatmet die König, als sie ihre beiden klebrigen, fröhlichen Kinder sieht, die natürlich nicht wie verabredet nach einer Stunde wieder nach Hause gekommen sind, um ihren höfischen Pflichen zu genügen, sondern sich hier königlich amüsiert haben. Jetzt schleichen sie mit hängenden Köpfen hinter ihrer Mutter her, die zeternd voranläuft und schon mal in Aussicht stellt, dass die Kinder »so auf keinen Fall das Haus betreten« dürften, sondern im Garten erstmal gründlich abgekärchert werden müssten.

»Ich finde das ja auch nicht gut, diese Lebensmittelverschwendung. Wenn man denn überhaupt von Lebensmitteln sprechen kann bei diesem Zuckerzeugs«, nölt Bio-Bärbel leise vor sich hin. Und meine Mutter sieht resigniert Pupsi und Hannah dabei zu, wie sie zusammen zermatschte Schokokussreste von der Wiese lutschen.

Benni-Papa hat all unsere Sandkasten- und Gartenschaufeln unter den Geburtstagsgästen verteilt, die sich damit nun ins Gebüsch verdrücken, um irgendwo da hinten den Schatz auszugraben. Jetzt macht sich mein Piratenkapitän erstmal zufrieden ein Bier auf. »Läuft!«, sagt er mehr zu sich selbst als zu uns, und ich möchte ihn vorerst in dem Glauben lassen und ihm das Desaster mit den Liebmann-Zwillingen, die sich immer noch im Spielhäuschen verstecken, erst später beichten.

Nach und nach trudeln jetzt die Eltern ein, um ihre Kinder abzuholen. Susi Liebmann hat ganz verweinte Augen und flüstert mir ins Ohr, dass sie wirklich nicht mehr weiß, wie es weitergehen soll, ihr Mann habe aufgehört, zu duschen und sich zu rasieren und sitze jetzt schon morgens im Schlafanzug vorm Fernseher. »Er hat seinen Job gekündigt, einfach so. Und gesagt, ICH solle jetzt auch mal wieder arbeiten gehen. Aber was soll dann aus den Kindern werden?« Ein kurzes leises Aufschluchzen, dann reißt sie sich zusammen, kniet sich vor das Spielhäuschen, ruft ein fröhliches »Kuckuck, ihr Kleinis!« durchs Fenster und schließt ihre verstörten Töchter in die Arme. »Na, habt ihr Spaß gehabt hier bei Benni? Ja? Das kann ich sehen, dass ihr euch amüsiert habt!«

Meine Mutter macht sich nützlich und verteilt Sekt an die wartenden Eltern, denn die Kinder sind immer noch damit beschäftigt, den Schatz auszubuddeln.

»Ich glaube, jetzt haben sie ihn«, sagt mein Mann, als es im Gebüsch hinterm Trampolin plötzlich lauter wird.

»Zeig mal!«

»Iiihhhh, was ist das?«

»Ich will auch mal den Kopf!«

»Da sind noch mehr Knochen!«

Knochen? Was um alles in der Welt hat mein Mann in den Schuhkarton gepackt, der uns als Piratenschatztruhe dienen sollte? Da stürzen die ersten Kinder aus dem Gebüsch. »Mama, guck mal, eine echte Leiche!«, schreit Ole und präsentiert Bio-Bärbel einen kleinen Rippenbogen.

»Ein Kopf, ein echter Kopf!«, schreit ein anderer Junge und hält seiner Mutter einen kleinen Schädel vor die Nase.

»Aber jeder darf nur einen Knochen!«, höre ich Ben im Gebüsch rufen, ganz offensichtlich streiten sich da noch einige Kinder um ihren Anteil an der Beute.

»Darf man erfahren, was Sie da in Ihrem Garten vergraben haben?«, fragt eine Mutter alarmiert.

»Lass das sofort los Schatz, das stinkt!«, ruft eine andere.

Mein Mann versucht zu beschwichtigen: »Kinder, das ist nicht der Schatz, ihr müsst noch weiter suchen, das ist ...«

»Das Spanferkel!«, platzt es aus mir heraus. Das blöde, halb fertig gegrillte Spanferkel, das Bauer Hansen zu unserer Nachbarschaftsgrillparty mitgebracht hatte und das wir in guter alter Tradition im Gebüsch hinter dem Trampolin beerdigt hatten. Und dessen sterbliche Überreste die Kinder da gerade wieder ans Tageslicht befördert haben.

Ich bekomme einen Lachkrampf, dass mir die Tränen in die Augen schießen, Benni-Papa fällt ein, und wir können gar nicht mehr aufhören.

»Das Spanferkel! Ach du Scheiße!«, wiehert er.

»Oder das Eichhörnchen!«, quieke ich unter Tränen.

Und während wir uns die Bäuche halten und japsen und weinen vor Lachen, sammeln die verstörten Eltern ihre Kinder ein und verschwinden nach und nach.

Es dauert eine ganze Weile, bis wir uns wieder eingekriegt haben. Benni-Papa und ich haben uns nebeneinander in die beiden Liegestühle auf unserer Terrasse fallen lassen und schnappen immer noch kichernd nach Luft. Meine Freundin Sabine hat sich inzwischen Ben und Hannah geschnappt, um mit ihnen zusammen noch mal nach dem Schatz zu graben – dem richtigen diesmal. Pupsi knuspert an den Spanferkelknochen herum und meine Mutter räumt stumm und kopfschüttelnd Sektflöten und Pappteller in die Küche, bevor sie sich verabschiedet und wieder nach Hause fährt.

»Bleib doch über Nacht, Mutter«, kichere ich.

»Wollte ich, aber ich habe es mir anders überlegt«, sagt sie kühl, drückt ihre beiden Enkel und rauscht davon.

»Na, das war doch eine gelungene Party«, sagt Sabine, nachdem sie mit Ben und Hannah zusammen endlich den Schuhkarton voller Schokotaler gefunden hat, den unsere Kinder jetzt eben zu zweit in sich reinstopfen.

Wir sitzen auf der Terrasse, trinken ein letztes Bier und gackern immer noch über die Tatsache, dass in diesem Garten wirklich kein Tier darauf bauen kann, dass seine Totenruhe respektiert wird.

»Freunde, ich sag es ganz ehrlich: Ich mach mir ein bisschen Sorgen um euch«, sagt Sabine schließlich. »Ich bin mir nicht sicher, ob euch das Leben hier draußen wirklich gut bekommt.«

»Wieso?«, frage ich erstaunt und zeige auf Ben und Hannah, die neben dem Trampolin im Gras sitzen, die Schnuten voller Schokolade. »Schau dir unsere Kinder an. Wie glücklich die sind. Was wollen wir mehr?«

»Eure Kinder waren auch in der Stadt glücklich, um die mache ich mir ja auch keine Sorgen. Aber um euch. Ich meine: Schützenverein! Diese ganzen Nachbarschaftsquerelen! Das Kleintiermassengrab hier in eurem Garten! Das passt doch gar nicht zu euch. Das seid ihr doch gar nicht. Was ist aus dem Erdbeermarmelade-Projekt geworden? Wolltet ihr es nicht irgendwie ruhiger angehen lassen? Entspannter? Seid ihr glücklich?«

Boah, was für ein Stimmungskiller, diese Frage. Und ich muss gestehen, sie arbeitet noch eine ganze Weile in mir, auch als Sabine längst wieder gefahren ist und die Kinder im Bett liegen.

»Sind wir glücklich?«, frage ich meinen Mann ein bisschen verzagt.

»Klar sind wir glücklich«, sagt der. »Jedenfalls im Vergleich zu beinahe all unseren Nachbarn. Und weißt du auch warum?«

»Nein.«

»Weil uns das alles hier in Wahrheit doch gar nicht wichtig ist. Dieses Haus hier mit dem hässlichen blauen Dach. Oder wie unser Gartenzaun aussieht oder unsere Blumenbeete. Oder der blöde Carport, den ich immer noch nicht gebaut habe. Das alles hier ist nicht unser Lebensprojekt, sondern ein Versuch. Ein Übergang, der so lange passt, wie er eben passt. Solange wir alle zusammen und gesund sind, du und ich und Ben und Hannah und Pupsi, ist es völlig egal, ob wir hier wohnen oder in der Stadt oder in einem Campingwagen – wir wären immer und überall glücklich.«

Ach, mein poetischer Mann. Ich liebe ihn wirklich sehr!

»Aber eins musst du mir versprechen«, sage ich und schmiege mich an meinen Piratenkapitän. »Wenn wir doch hier im Wendehammer alt werden sollten und ich vor dir sterbe, streu meine Asche bitte in den Koi-Teich. Vergrab mich bitte auf gar keinen Fall im Gebüsch hinterm Trampolin.«

»Ehrenwort!«, sagt mein Mann.

Neues aus der Krabbelgruppe

Mama will arbeiten und alle maulen rum

Endzeitstimmung im Blumfelder Bürgercasino – unsere Krabbelgruppe steht kurz vor der Auflösung, denn die meisten Kinder haben ihren Bewegungsradius weit über das Viereck aus roten Gummimatten hinaus erweitert. Vorbei also die Tage, an denen wir entspannt im Kreis saßen und nach dem Absingen von »Aramsamsam« mehr oder weniger interessante Gespräche geführt haben. Die Kinder haben den Haufen Plastikspielzeug in der Mitte des Stuhlkreises inzwischen durchgespielt und erkunden nun viel lieber den Rest des Saals. Schleichen sich hinter die Bar und räumen den Schrank mit den Kaffeetassen und Biergläsern aus, betatschen ausgiebig die Ehrenwand der Freiwilligen Feuerwehr mit den Erinnerungsfotos, Auszeichnungen und Urkunden. Zerstören die liebevollen Arrangements aus Plastikblumen, die die Blumfelder Seniorenhandarbeitsgruppe immer zur Verfügung stellt, um den kahlen Raum etwas heimeliger zu machen.

Es herrscht also ziemliches Chaos, trotzdem möchte Krabbelgruppenleiterin Karin heute zum Abschluss von uns allen noch mal wissen, wie wir uns denn jetzt fühlen nach mehr oder weniger einem Jahr Babypause, und wie es jetzt für uns weitergeht. Stichwort: Wiedereinstieg in den Beruf.

Ich fange an und berichte, dass mein Mann demnächst seine drei Monate Elternzeit nimmt und ich in der Zeit wieder anfange, freiberuflich zu arbeiten, von zu Hause aus, worauf ich mich wahnsinnig freue. Und dass Hannah nach diesen drei Monaten glücklicherweise einen Platz in der Kinderkrippe bekommen hat, die zum Blumfelder Kindergarten gehört.

»O Gott, das muss schlimm für dich sein«, barmt die schwangere Neubausiedlungsbewohnerin und schaut mich mitleidig an.

»Schlimm? Für mich? Überhaupt nicht. Warum?«, frage ich irritiert.

»Na, dich so früh schon von deinem Kind trennen zu müssen, das ist doch grausam. Für dich und für die kleine Hannah.«

»Zwingt mich ja keiner«, antworte ich. »Aber ich möchte gern wieder arbeiten, und Hannah freut sich immer, wenn sie mit anderen Kindern zusammen ist. Die langweilt sich den ganzen Tag mit mir. Wenn sie jeden Tag ein paar Stunden in die Krippe geht, ist das weder für mich noch für sie grausam.«

»Ich könnte das ja nicht, drei Monate lang meinem Mann Kind und Haushalt überlassen, das würde mich wahnsinnig machen«, sagt eine der Ureinwohnerinnen. »Der verwäscht mir doch die ganze Wäsche, und ich will gar nicht wissen, was das Kind dann zu essen bekommt. Zum Glück kommt er gar nicht erst auf die Idee, Elternzeit zu nehmen. Ich arbeite bald wieder zwei Vormittage in der Sparkasse, und in der Zeit ist das Kind bei Oma.«

»Du hast es gut«, sagt die andere Siedlerin. »Mein Mann besteht darauf, Elternzeit zu nehmen, er findet, es wäre an der Zeit, dass ich auch mal wieder arbeite. Er will nicht mehr die ganze finanzielle Verantwortung tragen. Er will jetzt auch mal was vom Kind haben. Ich meine, kann man sich das vorstellen? Ist das nicht ungeheuerlich? Wie kann er das von mir verlangen?«

»Ich würde ja gern wieder arbeiten, aber mein Mann will nicht, dass das Kind fremdbetreut wird«, sagt die dritte Siedlerin leise, nach wie vor niedergeschlagen und offenbar nicht glücklich in ihrem Reihenhausleben.

»Ja, recht hat er!«, ruft die zweite Ureinwohnerin. »Wozu schafft man sich denn ein Kind an, wenn man es dann fremden Leuten überlässt?«

»Aber ich habe studiert. Ich vermisse meine Kolleginnen, ich war gut in meinem Job«, flüstert die Siedlerin verzagt. »Ich schäme mich auch, dass ich so empfinde, aber ich würde den Kleinen so wahnsinnig gern wenigstens für ein paar Stunden in der Woche los sein …«

Großes Kopfschütteln in der Runde. Ja ob wir denn alle die Studien ignorieren würden, die ganz klar belegen, wie sehr die Kinder unter der Trennung von der Mutter leiden?, fragt die eine Siedlerin. Sie jedenfalls stille ja auch noch sehr viel und wolle das auch noch mindestens ein oder zwei Jahre lang tun, und das sei nun mal nur möglich, wenn sie ihr Kind ständig um sich habe.

Es gibt zu jeder Studie eine Gegenstudie, die das Gegenteil belegt, werfe ich ein. Und dass ein Vater sich genauso gut um ein Kleinkind kümmern kann wie eine Mutter. Dass ich nicht finde, dass ein Kleinkind in den Händen einer überforderten Oma zwingend besser aufgehoben ist als in der Obhut einer ausgebildeten Pädagogin. Und dass mir das Thema wirklich zu den Ohren rauskommt, denn um nichts streiten sich Mütter untereinander so aggressiv und kompromisslos wie um die Frage, wie und ob man Kinder und Job vereinbaren kann. Ich bin es leid. Kann das nicht jeder einfach so machen, wie er will?

»Interessant, das sind ja alles sehr unterschiedliche Ansätze«, sagt Karin. »Was sagt denn unser Mann hier dazu?«

»Unser Mann«, also der polyamore Biobauer, hat sich bisher auffallend zurückgehalten. Nein, auch seine Tochter gehe nicht in die Krippe. Er glaube an die Schule des Lebens und halte nichts davon, die Kinder staatlichen Institutionen zu überlassen, wo sie früh der kapitalistischen Verwertungsmaschine geopfert und in ihrer Individualität gar nicht wahrgenommen würden.

»Wir sind ja eine große Gemeinschaft auf dem Hof, unsere Tochter hat viele liebevolle Bezugspersonen: ihre Mutter, deren Freund, meine Freundin, noch einen gemeinsamen Freund. Wir sind wie ein Großfamilie.«

»Ist doch abartig«, sagt eine der Ureinwohnerinnen. »Ihr da mit eurem Liebeskuddelmuddel und das Kind mittendrin. Das sind doch keine Zustände. So ein Kind braucht doch klare Strukturen!«

»Das Kind braucht Liebe, und die bekommt es reichlich!«, entgegnet Mister Polyamor.

Großes Gemurmel in der Runde – obwohl von Runde eigentlich keine Rede sein kann, denn während dieses ganzen Gesprächs laufen wir alle unseren Kindern hinterher, die das Bürgercasino krabbelnd oder auf zwei Beinchen schwankend erkunden und umgestalten.

»Da sollte man wirklich mal das Jugendamt vorbeischicken!«

»Will mir gar nicht ausmalen, wie es bei denen aussieht!«

»Und von welcher Art von Liebe hier die Rede sein soll weiß man ja auch nicht!«

»Woher weiß der eigentlich so genau, dass das überhaupt sein Kind ist?«

»Bitte beruhigt euch«, ruft Karin. »Und bitte keine Beleidigungen oder Unterstellungen in diesem Raum, ja?«

»Was ist eigentlich aus eurem Begegnungszentrum für alternative Lebensformen geworden?«, frage ich. »Wolltet ihr nicht Seminare anbieten?«

Der polyamore Biobauer windet sich ein bisschen, das sei alles eine lange Geschichte und ein bisschen kompliziert, aber kurz und knapp gesagt: Da wird vorerst nichts draus. Seine Frau sei nun schon seit zwei Monaten in einer Burn-out-Klinik, seine Freundin sei zu eingespannt in ihrem Job als Krankengymnastin, er und die beiden anderen Männer versuchen, den Gemüseanbau und die Renovierung des Hofes voranzubringen, aber es fehle eben auch an finanziellen Mitteln, und man sei sich bei der Umsetzung des Permakulturkonzeptes auch noch nicht ganz einig untereinander. Deshalb müsse das Projekt »Begegnungsstätte« vorerst pausieren.

»Mein Gott, das arme Kind!«, rufen die anwesenden Mütter im Chor. Ja, wer kümmert sich denn dann eigentlich um die kleine Sophie?

»Da arbeiten wir an einer Lösung. Gerade sind wir auf der Suche nach einer Art Leihoma, die gegen Kost und Logie die Betreuung übernehmen könnte. Wir wollen ja auch ein Mehrgenerationenhaus sein. Falls also jemand jemanden kennt ...«

»Probier's doch solang einfach mal bei der Kinderkrippe«, raune ich ihm zu. »Sophie wird schon keinen Schaden nehmen, und du hast mehr Zeit, um dich um den Hof zu kümmern.«

Da seufzt er tief, und während sich der Rest der Krabbelgruppe schon mal ans finale Aufräumen macht, erzählt er mir, wie erschöpft er ist. Wie frustriert. Denn er wollte doch ein richtig präsenter Vater sein, alles unter einen Hut bekommen, das Kind, das Hausprojekt, den Gemüseanbau, seine Beziehungen, aber das sei alles so wahnsinnig anstrengend, und immer habe er das Gefühl, alles nur halb gut zu machen. Nie richtig. Nie so, wie er sich das mal ausgemalt hatte. »Neulich habe ich Sophie eine Pizza bestellt, das hat mir fast das Herz gebrochen. Aber ich konnte einfach nichts mehr kochen, so fertig war ich. Ich bin nur froh, dass meine Frau das nicht mitbekommen hat.«

Ich tätschle ihm beruhigend das Knie, irgendwie gerührt davon, dass offensichtlich auch Väter nicht davor gefeit sind, alles richtig machen zu wollen und sich damit heillos zu überfordern. Und ich versichere ihm mit der Überzeugungskraft der erfahrenen Zweitlingsmutter, dass das alles vorübergeht. Dass alles nur eine Phase ist. Eine Phase, die vorbeigeht, aber einige von uns eben in die Burn-out-Klinik bringt, so wie seine Frau. Und dass er dort auch demnächst landet, wenn er sich nicht angewöhnt, ab und zu ein paar Prinzipien über Bord zu schmeißen.

Karin bittet uns zum Abschiedskreis. Wir singen noch einmal gemeinsam »Ich bin ein kleines Eselchen ...«, dann wünscht sie uns alles Gute für die nächste Zeit, den Berufstätigen einen guten Start im Job, den anderen weiterhin erfüllte und glückliche Tage mit ihren Kindern. »Ich hoffe, diese Zeit hier hat euch gutgetan und ihr habt Kontakte geknüpft. Es ist ja so wichtig, dass sich Eltern gegenseitig unterstützen«, sagt sie noch. Wie recht sie hat.

Trotzdem ziehen danach alle ihrer Wege, es sieht nicht so aus, als hätten sich in unserer Krabbelgruppe Elternfreundschaften fürs Leben gefunden. Schade eigentlich. Es hätte ja auch für alle etwas Positives dabei herauskommen können: Die depressive Siedlerin hätte sich aus ihrer offenbar lieblosen Ehe lösen und Teil der polyamoren Gemeinschaft werden können, ihr Mann hätte sich mit der anderen Siedlerin verpaaren können, die Geld verdienen als unzumutbar empfindet. Deren Mann, der sich nach Zeit mit seinen Kindern und weniger finanzieller Verantwortung sehnt, könnte dem Mann der Ureinwohnerin Mut machen, sich mal für ein paar Wochen auf Haushalt und Kind einzulassen und Elternzeit zu nehmen. Und die dadurch entlastete Oma könnte auf dem Biobauernhof als Leihoma anheuern und so dem Schicksal ihrer eigenen Mutter entgehen: mit ihrem Tod zum Anlass für erbitterte Erbstreitigkeiten zu werden.

Kein Kampf gegen Windmühlen

Die Bürgerinitiative löst sich auf, und
Hansen findet das Glück

Bevor ich mich wieder ins Berufsleben stürze, meinen Sohn der Grundschule und meine Tochter der Blumfelder Kinderkrippe anvertraue, muss ich noch meine geheime Mission erfüllen: Bauer Hansen endgültig in den Liebeswahn zu treiben. Inzwischen dauert unsere Onlineromanze ja nun schon einige Wochen, und ich muss gestehen, dass ich inzwischen richtiggehend gerührt und auch beeindruckt bin von der romantischen Ader, die der alte Zausel in seinen E-Mails offenbart. Wer hätte gedacht, dass der Mann, der die Verantwortung dafür trägt, dass mein armer Benni-Papa als Blumfelder Schützenkönig die Laudatio auf den Sieger eines Tierstimmenimitationswettbewerbes halten musste, so poetisch sein kann?

Meine Wilma1952 antwortet auf jede dritte Mail, jedes Mal voller Wärme und Sehnsucht, und doch das erste Treffen hinauszögernd. Sie hält ihre TreueSeele1943 gleichzeitig bei der Stange und auf Abstand, und so langsam muss ich mir eine Exitstrategie ausdenken – ich kann den Mann ja nicht ewig hinhalten ohne dass irgendwann rauskommt, dass ich die gute Wilma nur erfunden habe.

Aber erstmal steht wieder ein neues Treffen unserer Bürgerinitiative an, die bislang noch keinen nennenswerten öffentlichen Protest auf die Beine stellen konnte. Das soll sich nun endgültig ändern. Wir treffen uns alle im Schwedenhaus bei den Liebmanns, bewaffnet mit Plakafarbe und alten Leintüchern, um Transparente zu malen, die wir in unseren Vorgärten aufhängen und außerdem für eine noch zu organisierende Demo gegen die Schweinmast im Allgemeinen und vor unserer Haustür im Besonderen nutzen wollen.

Benni-Papa hat sich bislang ziemlich herausgehalten aus unseren Bemühungen, Hansen davon abzubringen, die Felder hinter unserem Haus an einen Schweinemastbetrieb zu verkaufen, aber heute kommt er doch mal wieder mit – schließlich ist es das erste Mal, dass wir das Schwedenhaus von innen sehen, und zudem ranken sich schon jetzt Legenden um den schiefhängenden Haussegen bei unserer einst so perfekten Vorzeigefamilie. Da wird sogar mein sonst so zurückhaltender Mann neugierig.

»Liebmann liegt einfach den ganzen Tag im Pyjama auf der Couch und schaut fern. Man munkelt, dass er Windeln trägt, um nicht aufs Klo gehen zu müssen. Die beiden Mädchen müssen ihm angeblich den ganzen Tag Bier bringen. Der Mann ist völlig geisteskrank. Nachts stromert er dann durchs Haus und durch den Garten und zerstört Susis Deko. Keine einzige Duftkerze ist der armen Frau geblieben. Und sie tut einfach so, als wäre alles ganz normal, ist aber eigentlich völlig verzweifelt«, hat mir Koi-Kerstin neulich zugeraunt, als ich bei ihr ein Paket abholen wollte, das DHL-Simon dort abgegeben hatte. Der sowieso auffallend häufig vor dem Bungalow der Koi-Züchter parkt, wie ich finde. Ich sollte auch mal wieder was im Internet bestellen.

191

Am Wochenende also machen wir uns mit einem alten Bettlaken, zwei Besenstilen und diversen Tuben bunter Farbe auf ins Schwedenhaus nach nebenan.

»Ja hallo ihr Lieben, ich freu mich so!«, jubiliert Susi Liebmann, als sie uns die mit einem frischen Blumenkranz behängte Haustür öffnet. »Und da sind ja auch der kleine Benni und das süße Hannilein! Lisi! Lotti! Besuch für euch!«

Die beiden Liebmann-Zwillinge haben heute ihre hübschesten Kleidchen an und nehmen Ben und Hannah pflichtschuldig mit in ihr Kinderzimmer, ohne dabei auch nur annähernd ähnlichen Enthusiasmus an den Tag zu legen wie ihre Mutter.

»Kommt rein, kommt rein! Die Plakate malen wir gleich im Garten, ja? Aber jetzt lasst uns doch erstmal zusammen Kaffee trinken, ich habe mit meinen Kleinis so viel gebacken«, flötet die Liebmann und geleitet uns in ihre Wohnküche. Dort sitzen schon die Königs, die Blockhausbewohner und die Koi-Züchter um einen langen Holztisch und nippen betreten und stumm an ihren Tassen. Ein paar Meter weiter liegt nämlich tatsächlich Herr Liebmann auf dem Sofa, neben sich einen Pizzakarton und mehrere Büchsen Bier, in der Hand eine Selbstgedrehte und im Gesicht einen angehenden Vollbart – ganz offenbar hat sich unser Nachbar schon länger weder gewaschen noch rasiert.

»O bitte, beachtet ihn nicht weiter, tut so, als wäre er gar nicht da. So mache ich es ja auch«, zwitschert die Liebmann und schenkt uns Kaffee ein. Auf dem Tisch steht eine ausladende Etagere, gut gefüllt mit bunten Cupcakes. Susi Liebmann drängt uns, doch bitte zuzugreifen, und von der Couch dringt das Klicken und Zischen einer geöffneten Bierdose zu uns herüber.

»Wir sollten schnell zur Sache kommen und Ihnen hier nicht allzu lang zur Last fallen«, sagt die König mit angewidertem Blick in Richtung Sofa.

»Du solltest ihm verbieten, hier drin zu rauchen«, sagt Koi-Kerstin zu Susi Liebmann. »Schon wegen der Kinder.«

»Zwecklos«, sagt die Liebmann und lächelt gequält. »Bitte lasst euch nicht stören und greift tüchtig zu, ihr Lieben. Wollten wir diesmal nicht gemeinsam singen?«

»Ja, Baby, wolltest du nicht deine Gitarre mitbringen?«, fragt Blockhaus-Samy ihren Mann.

Der greift in die Brusttasche seines Flanellhemdes und zieht eine Mundharmonika hervor: »Später, wenn wir rausgehen und die Plakate malen, spiele ich euch ein paar Dylan-Songs vor, okay?«

»Au ja«, sagt die Liebmann und klatscht in die Hände.

»Dylan? Total überschätzt«, ruft Liebmann von seiner Couch aus und lässt einen lauten Rülpser ertönen.

»Herrschaften, bitte! Zur Sache jetzt. Ich habe inzwischen Kontakt zum Bürgermeister aufgenommen und bei unserem Rechtsanwalt juristischen Rat eingeholt«, hebt Herr König an. »Wir haben keine Handhabe gegen Hansen, solange der Schweinemäster einen Mindestabstand von 160 Metern zu unseren Grundstücksgrenzen einhält. Mit speziellen Geruchsfiltern könnte der jedoch sogar noch näher an uns dran bauen. Alles legal.«

»Bleibt uns nur, moralischen Druck auszuüben«, sagt Koi-Karsten. »Wir sollten Hansen die Qualen der Tiere vor Augen führen. Ob ich ihn einfach mal einlade? Vielleicht kann ihm der Blick auf die Kois das Herz öffnen.«

»Eine gute Idee, Liebling!«, sagt Koi-Kerstin, doch vom Sofa dringt lautes Gekicher.

»Ihr mit euren scheiß Fischen! Ihr glaubt echt, dass die irgendjemanden interessieren!«, japst Liebmann hämisch lachend und hebt kurz sein zotteliges Haupt über die Kante der Sofalehne.

»Bitte ignoriert ihn einfach, er ist verrückt«, sagt Susi Liebmann und lächelt ein mildes Krankenschwesterlächeln, so als habe man es hier mit einem senilen Greis zu tun, der kurz vorm Exitus plötzlich nur noch Unsinn redet.

»In einer Sache gebe ich Karsten recht: Wir sollten vielleicht einfach mal mit Hansen reden. Ganz in Ruhe und vernünftig«, sage ich.

»Ja, und zwar von Mann zu Mann«, sagt Blockhaus-Dany und krempelt sich mit finsterer Miene die Hemdsärmel hoch.

»O bitte, keine Gewalt, dieser Protest muss vom Geist des Friedens getragen sein, sonst steige ich aus«, sagt Koi-Karsten.

»War doch nur Spaß!«, beruhigt ihn Blockhaus-Samy, »mein Baby tut keiner Fliege was zuleide. Spielst du uns jetzt mal ›Blowing in the Wind‹?«

Doch bevor Blockhaus-Dany seine Mundharmonika zücken und uns den Bob Dylan machen kann, klingelt es an der Tür.

»O Gott, noch mehr von euch Spackos«, ruft Liebmann von der Couch aus, während seine Frau zur Haustür eilt.

»Sie muss ihn rausschmeißen, der Mann ist doch unerträglich geworden. Eine Schande für die ganze Nachbarschaft«, raunt die König mit Blick auf den auf dem Sofa fläzenden Hausherrn.

»Seht mal, wer da ist«, ruft Susi Liebmann betont fröhlich. Hinter ihr betritt Bauer Hansen die Wohnküche, in Begleitung einer jungen Asiatin.

»Tach zusammen!«, sagt Hansen und tippt sich an die Schiebermütze. »Ich habe gehört, Sie treffen sich hier meinetwegen, und da wollte ich doch mal vorbeischauen und hören, worum es denn eigentlich geht.«

»Tun Sie doch nicht so, Sie wissen ganz genau, worum es hier geht«, herrscht ihn König an. »Es geht um Ihre Schweinereien.«

»Die Schweinis, die armen Schweinis«, äfft Liebmann vom Sofa aus seine Frau nach.

»Wirklich Hansen, schämen Sie sich! Sie versauen unsere Zukunft und die unserer Kinder« ruft Koi-Kerstin.

»Welche Kinder?«, fragt Koi-Karsten.

»Seien Sie ein Ehrenmann und geben Sie es zu, Hansen. Sie denken nur ans Geld. Sie verhökern die Weidegründe hinter unseren bescheidenen Hütten an eine Bande Tierquäler«, ruft Blockhaus-Dany.

»Dabei könnten dort doch kleine Schafis weiden. Muss es denn wirklich ein Schweinestall sein?«, fragt die Liebmann und schaut Hansen mit großen Kulleraugen an.

Hansen grinst zufrieden, die junge Asiatin neben ihm schlägt scheu die Augen nieder, dann sagt er:

»Leute! Wirklich. Ich weiß gar nicht, wie Ihr auf so eine Idee kommt. Da wird kein Schweinestall gebaut. Wer erzählt denn so was?«

»Wir haben Kontakte in die höchsten Blumfelder Kreise, und wir wissen genau, dass Sie die Felder an einen Schweinemastbetrieb verkaufen wollen, also leugnen Sie nicht«, sagt die König.

»Schweinemast? Unsinn. Da werden Windräder gebaut. Die Felder gehen an so einen Energiekonzern, der baut da diese neumodischen Windmühlen drauf. Ich dachte, ihr freut euch. Ihr Zugezogenen seid doch immer für alles, was öko ist.«

»Ach, jetzt bin ich aber erleichtert«, kräht Blockhaus-Samy. Und auch alle anderen scheinen aufzuatmen. Nur Koi-Karsten sieht unglücklich aus.

»Dann kann ich meine Zucht ja direkt einstellen. Die Windräder kontaminieren diese ganze Gegend hier mit Infraschall, das kann ich den Fischen nicht zumuten.«

»Scheiß doch auf die Fische«, ruft Liebmann vom Sofa aus. »Wer is'n die heiße Braut, die Sie da im Schlepptau haben, Hansen?«

Ja, stimmt, das fragen wir uns alle.

»Das ist Chi Linh aus Vietnam. Wir werden heiraten, nicht wahr, Chi Linh?«, sagt Hansen und drückt die junge Frau an sich.

»Han Sen«, sagt Chi Linh und verbeugt sich.

Die König schlägt die Hände vors Gesicht: »Er hat es tatsächlich getan, dieser Mann hat es tatsächlich getan. Ich bin fa-ssungs-los!«

»Ja, und was ist mit Wilma?«, fragt mein Mann, mindestens genauso fassungslos. Und ich denke dasselbe: Was ist mit Wilma? Und: Wieso weiß mein Mann von ihr?

Doch bevor sich all diese Fragen beantworten lassen, stürmen die Kinder ins Zimmer, also Ben, Hannah und die Liebmann-Zwillinge (die Königskinder mussten heute zu Hause bleiben und Vokabeln lernen, und Jack hat wohl glücklicherweise auch etwas Besseres zu tun).

»Guck mal Mama, wir haben Friseur gespielt«, ruft Ben

196

freudestrahlend. Und seine drei Modelle Lisi, Lotti und Hannah präsentieren ihre neuen Frisuren: allesamt asymetrische Kurzhaarschnitte!

»Ben!«, rufe ich. »Du kannst doch nicht … Du weißt doch, dass du nicht …«

Jetzt bin ich auch fassungslos. Ich nehme Ben die Kinderbastelschere ab, mit der er den Liebmann-Zwillingen die Zöpfe und Hannah die blonden Locken abgeschnitten hat, schaue schuldbewusst zu Susi Liebmann, der dicke Tränen über die Backe kullern, während sie die entstellten Köpfe ihrer Töchter streichelt. Herr und Frau König gehen grußlos und kopfschüttelnd zur Tür, Blockhaus-Samy versucht noch, die stumm weinende Susi Liebmann zu trösten, greift sich in die Haare und zeigt den Ansatz ihrer Extensions: »Gibt's ja vielleicht auch für Kinder, sind gar nicht so teuer und man kann ja sogar bunte Strähnen einarbeiten lassen.«

Koi-Kerstin verbeugt sich mit vor der Brust gefalteten Händen vor Chi Linh und zieht den armen Koi-Karsten nach draußen, der immer noch von »Infraschall« und »mobiler Verschattung bei Abendsonne« redet und scheinbar auch den Tränen nah ist.

Mein Mann reicht Susi Liebmann ein Taschentuch und entschuldigt sich ausgiebig für Bens Missetat, während ich den Kindern die Schuhe anziehe. Das letzte, was wir hören, bevor wir das Schwedenhaus verlassen, ist das Zischen einer weiteren Bierdose.

Den Rest des Tages verbringen wir alle mit schlechter Laune. Ben ist sauer, dass wir sein Werk nicht seinen Vorstellungen entsprechend gewürdigt haben und Hannah kratzt sich so lange, bis wir ihr unter der Dusche die ganzen Haarstoppel abwaschen, die ihr hinten in den Kragen ihres Kleidchens gerutscht sind. Pupsi hat sich während seiner Gassirunde durch den Blumfelder Forst in bestialisch stinkender Wildschweinkacke gewälzt und muss nun ebenfalls in die Dusche, was bedeutet, dass Herrchen und Frauchen ebenfalls unter die Dusche müssen, denn Pupsi ist nicht besonders kooperativ.

»Dieser verschlagene Mistkerl!«, platzt es schließlich aus meinem Mann heraus, als wir spät abends auf dem Sofa sitzen. »Ich kann nicht glauben, dass er das gemacht hat.«

»Hansen? Ich hab es dir ja immer gesagt, der Typ ist zu allem fähig. Und ich wette, der wollte die Felder nie an einen Schweinemäster verkaufen. Das Gerücht hat er selbst gestreut, damit wir alle die Windräder als kleineres Übel akzeptieren. Was glaubst du, was los gewesen wäre, wenn wir von Anfang an von den Windrädern gewusst hätten? Dann hätte sich hier die Bürgerinitiative ›Viva Quichote! Blumfelder Bürger gegen Windkraft‹ gegründet.«

»Ich rede von dieser Frau«, sagt mein Mann. »Ich kann nicht glauben, dass er das wirklich gemacht hat.«

»Ja, das arme Ding. Kommt wahrscheinlich aus ärmsten Verhältnissen und hat hier auf einen europäischen Märchenprinzen gehofft. Und jetzt muss sie mit diesem alten Sack zusammenleben«, sage ich seufzend.

»Und das Schlimmste ist: Es gab eine perfekte Frau für Hansen, die ich für ihn seit Wochen im Internet beflirte. Ich hab dir das die ganze Zeit nicht erzählt, weil ich ja weiß, dass du nicht willst, dass ich so viel Zeit dafür verschwende, ihm bei der Frauensuche zu helfen, aber die war einfach perfekt. Wie für Hansen gebacken. Und er meinte, er könne das nicht, schöne E-Mails schreiben, also hab ich das für ihn gemacht. Und jetzt, kurz vor dem ersten Date, sucht er sich hinter meinem Rücken doch so eine arme Asiatin von einer dieser schmierigen Dating Websites, vor denen ich ihn immer gewarnt habe.«

Ich bin sprachlos. Und erwäge kurz, meinem so hilfsbereiten Mann zu sagen, wen er da die ganze Zeit über in Hansens Namen bezirzt hat. Doch ich beschließe, dass Wilma1952, die romantische Geflügelliebhaberin mit dem dunklen Gehemnis, lieber MEIN dunkles Geheimnis bleiben soll. Ich schmiege mich an meinen grummeligen Internet-Flirter, gebe ihm einen langen und innigen Kuss und versichere ihm, dass Wilma über Hansen hinwegkommen wird. »Du weißt doch, wie das mit den vermeintlich perfekten Frauen so ist, Schatz. Die sind einfach viel zu gut, um wahr zu sein!«

Das Campingdesaster

Oder warum wir auch im Urlaub dem Wendehammer nicht entkommen

Boah, sind wir alle urlaubsreif! Ich habe das Gefühl, sogar unser Pupsi braucht mal eine Auszeit von all den Irrungen und Wirrungen des Blumfelder Wendehammers. Leider haben wir unser Urlaubsbudget ja für Rollrasen verballert, deshalb fahren wir zum Campen an die Ostsee. Das ist nicht nur billig, sondern hat den Vorteil, dass wir problemlos den Hund mitnehmen können und uns nicht mit zwei Kindern in ein Flugzeug setzen müssen. Der Horror! In Flugzeugen fühlen sich ja immer alle anderen Passagiere als Opfer der Umstände, wenn Kinder mitfliegen, die Ohrenschmerzen nicht einfach so wegatmen und auch nicht drei Stunden lang angeschnallt und still in ihren Sitzen bleiben können. Dabei sind es die Eltern dieser Kinder, denen eigentlich das Mitleid aller Mitreisenden gebührt, denn die können nicht einfach nur mit den Augen rollen und sich schicksalsergeben einen Tomatensaft mit Schuss reinfahren. Nein, Eltern, die mit Kleinkindern fliegen, müssen während des Fluges in gekrümmter Haltung und vor Publikum mit dem Zwerg am Finger durch den Gang paradieren, sich die Schulter ausrenken beim Versuch, die runtergefallenen Buntstifte unter dem Vordersitz hervorzukramen, und sich demütigst beim Vordermann und beim Kabinenpersonal entschuldigen, wenn der Nachwuchs den Klapptisch noch mit dem vollen Essenstablett darauf wieder nach oben klappt.

Kurzum: Fliegen mit Kindern ist die Pest. Und Mallorca auch irgendwie überschätzt.

In der Zeit vor unserem Urlaub werden mein Mann und ich ganz nostalgisch. Wir vergessen all die guten Gründe, warum wir schon lange nicht mehr zelten waren (Rückenschmerzen! Gemeinschaftsduschen! Dauerbesoffene Zeltnachbarn auf Abifahrt!) und erinnern uns stattdessen noch mal ausgiebig an all die Abenteuer im Zweimannzelt, die uns zu Studentenzeiten wie der Gipfel der Romantik vorkamen.

»Weiß du noch, wie wir damals in Schweden vor der Elchkuh fliehen mussten?«

»Ja, und wie du dich dabei im Mosquitonetz verheddert hast …«

»O Gott, diese Mücken, aber du hast mich immer so schön mit Autan eingerieben, das hat mich entschädigt.«

»Und weißt du noch in Frankreich, an der Atlantikküste, als es tagelang geregnet hat?«

»Das war doch total romantisch, so viel Sex hatten wir nie wieder in unserer Beziehung.«

»Und in Irland, als wir morgens mitten in einer Schafherde aufgewacht sind?«

»Das hätte Ben sicher gefallen.«

Uns ist natürlich klar, dass das mit Kindern anders läuft, von Regenromantik und ausgiebigem Sex wird in unserem Familienzelt wohl keine Rede sein. Aber wir setzen darauf, dass Ben und Hannah das ganze als großes Abenteuer empfinden werden, schnell ein paar nette Campingplatz-Kinder zum Spielen finden und Benni-Papa und ich möglicherweise sogar dazu kommen, in den Klappstühlen vor unserem Zelt ab und zu in Ruhe die Zeitung zu lesen. Oder sogar – ganz verwegen! – ein Buch.

Wir leihen uns also ein großes Familienzelt von den Blockhaus-Bewohnern, die diesen Sommer eine längere Harley-Tour planen, während Jack zu Hause die sturmfreie Bude genießt. Buchen einen schattigen Platz an einem hundefreundlichen Campingplatz an der Ostsee, packen Schlafsäcke, Isomatten, Gaskocher und Proviant ins Auto, beten, dass Pupsi die Fahrt kotzfrei übersteht, und machen uns auf den Weg ans Meer.

Stehen im Stau. Müssen Hannah auf einem Raststättenklo von einer übergelaufenen Kackwindel befreien und im Waschbecken baden. Müssen Ben in eine Trinkflasche pinkeln lassen, während wir uns durch eine kilometerlange Baustelle ohne Haltemöglichkeiten quälen. Stehen wieder im Stau. Verfahren uns und schreien uns an. Finden endlich den Campingplatz. Bauen in der Dämmerung das Zelt auf, während die Kinder schon in ihren Autositzen schlafen. Streiten darüber, wer von uns beiden daran hätte denken müssen, das Zelt vorher im Garten mal zur Probe aufzubauen. Hätten Pupsi nicht in die Nähe der Tasche mit dem Proviant lassen dürfen. Hätten den Tag nicht vor dem Abend loben sollen, denn als wir gerade fertig sind, die Kinder umgebettet haben und uns ein Bier aufmachen und noch ein bisschen entspannen wollen, kotzt Pupsi mit Karacho ins Vorzelt.

»Lass uns einfach ins Bett gehen und diesen Tag vergessen«, sagt mein Mann seufzend, nachdem wir das Vorzelt gereinigt haben. Und das war eine gute Idee, denn pünktlich zum Sonnenaufgang um viertel vor fünf

Uhr schlagen Ben und Hannah die Augen auf und wollen in den ersten Tag ihres Campingabenteuers starten.

»Es ist einfach zu hell hier drin für unsere rolladenverwöhnten Kinder«, stelle ich fest, während ich den Espressokocher auf die Gaskartusche stelle. Ben muss Pipi machen und stolpert beim Ausflug in Richtung Campingtoiletten mit großem Getöse über die Zeltschnüre unserer Nachbarn, Pupsi markiert sein neues Revier und gerät dabei in Konflikt mit einem Terrier aus der Nachbarschaft, was für einiges Gebell und Geknurre sorgt. Und Hannah räumt in einem unbeobachteten Moment unsere Taschen aus, verteilt all die schöne trockene Wäsche auf dem noch nachtfeuchten Boden im Vorzelt und protestiert lautstark, als ich alles wieder einräume. Die unmittelbare Zeltnachbarschaft ist inzwischen unfreiwiligerweise auch aufgewacht und steckt nach und nach verschlafen und missmutig die Köpfe aus den Zelten, um mal nachzuschauen, wer die Neuankömmlinge sind, die hier vor Tau und Tag einen solchen Krawall veranstalten.

Der Rest des ersten Tages verläuft dagegen großartig. Wir hängen den ganzen Tag am Strand ab, Hund und Kinder planschen und buddeln und essen meine schon morgens um sechs geschmierten Käsestullen. Für den Abend hat mein Mann ein bombastisches Camping-Dinner angekündigt: Ravioli aus der Dose! Und die Freude auf diese Köstlichkeit wird nur leicht getrübt durch den Zettel, der an unserem Zelteingang hängt, mit dem anonymen Hinweis, dass es auch auf einem Zeltplatz Ruhezeiten gibt, die einzuhalten sind.

Schließlich haben wir alle unsere Schüssel mit Ravioli vor uns und hauen ordentlich rein. Ben schmeckt es phantastisch, wie er überhaupt Zelten ganz großartig findet. Auch Hannah manscht fröhlich in ihrem Schüsselchen herum, nur ich denke still bei mir, dass man den Geschmack von Dosenravioli möglicherweise in der Rückschau verklärt. »Morgen baue ich den Grill auf«, tröstet mich mein Mann und übernimmt zusammen mit Ben den Abwasch.

»Mama, ich hab Charly gesehen!«, erzählt Ben aufgeregt, als er und sein Vater von der Spülstation zurückkommen.

»Wen?«

»Charly! Charlotte! Meine Freundin! Von nebenan!«

»Nein Ben, du hast dich verguckt, das kann nicht Charlotte gewesen sein«, sagt mein Mann.

»Doch, ganz bestimmt, das war Charly!«, insistiert Ben. Und ich erkläre ihm geduldig, dass auf diesem Campingplatz an der Ostsee garantiert keines der Königskinder anzutreffen ist, Familie König urlaubt im Club Med auf Sardinien, wie mir Frau König erzählt hat, denn nur dort gebe es ein angemessen gehobenes Publikum sowie ausreichend Sportangebote.

»Ich weiß genau, dass das Charly war!«, mault Ben als er schon in seinem Schlafsack liegt, und ich muss versprechen, gemeinsam mit ihm morgen noch mal nachzusehen.

In dieser Nacht zieht ein heftiges Gewitter auf. Es kracht und blitzt und hagelt und plötzlich findet Ben die Sache mit dem Zelten gar nicht mehr lustig. Pupsi kriecht mit eingezogenem Schwanz in unsere Schlafkabine, obwohl er seinen Platz eigentlich im Vorzelt hat. Hannah wimmert und Ben pinkelt vor Angst in seinem Schlafsack.

»Den trocknen wir einfach morgen in der Sonne« beruhige ich ihn (und mich), lasse ihn mit zu mir in meinen Schlafsack krabbeln, und irgendwann ist das Gewitter vorbei und alle schlafen wieder ein.

Leider scheint am nächsten Tag nicht die Sonne, stattdessen regnet es Bindfäden. Keine Chance, Bens müffelnden und feuchten Schlafsack trocken zu kriegen. Wir schlüpfen alle in unsere Regenoutfits und drehen eine Gassi-Runde mit Pupsi und verfluchen einander, weil natürlich keiner von uns daran gedacht hat, für den Vorzeltboden eine Plane mitzunehmen. Jetzt ist direkt vor dem Eingang zu unseren Schlafkojen eine riesige Schlammpfütze entstanden.

»Lass uns bitte alle ins Auto steigen und irgendwo Pizzaessen fahren«, beschwöre ich meinen Mann.

»Aber wir wollten doch Charly suchen!«, quengelt Ben.

»Ben, heute geht's nicht, aber morgen schauen wir nach, okay? Obwohl ich dir schwöre, dass du dich geirrt haben musst«, sage ich und hoffe, dass wir alle zusammen den folgenden Tag wieder bei Sonnenschein am Strand verbringen werden.

Leider ist auch der nächste Tag trüb und nieselig und inzwischen sieht es in unserem Zelt aus wie in der Herrenumkleide eines Freibads nach Betriebsschluss: Alles ist dreckig, feucht und voller Haare (für die ist Pupsi verantwortlich). Außerdem ist das Zusammenleben auf so engem Raum mit einem dauerfeuchten Hund auch für den unempfindlichsten Tierfreund olfaktorisch eine echte Belastung.

»Noch ein Regentag und wir brechen ab!«, schwört Benni-Papa.

Auf der Suche nach Beschäftigung traben wir alle vier mit Pupsi im Schlepptau in Richtung Campingplatz-Supermarkt, um unseren Ravioli-Vorrat aufzustocken und vielleicht eine aktuelle Tageszeitung zu finden. Und als wir da gemeinsam vor dem Konservenregal stehen und die Auswahl an Fertiggerichten betrachten, schreit Ben plötzlich: »Da ist Charly! Und Jonathan auch!«

Tatsächlich! Da stehen die Königskinder, mit je einer Büchse Wiener Würstchen in der Hand. Und neben ihnen Frau König, bleich vor Schreck, als sie uns sieht.

»Was machen SIE denn hier«, fragt sie, als sie sich wieder einigermaßen gesammelt hat.

»Urlaub. Und Sie? Ich dachte, Sie sind auf Sardinien?

»Tja, und ich dachte, SIE wären an der Nordsee«, sagt die König spitz. »Ich hatte nicht damit gerechnet, Sie hier an der Ostsee zu treffen.«

»Oh, glauben Sie mir, wir haben noch viel weniger damit gerechnet, SIE hier zu treffen«, sagt mein Mann.

»Ich hätte nicht gedacht, dass Sie zelten gehen«, sage ich.

Die König lacht auf. »Ha! Zelten? Wir? Wo denken Sie hin? Nein, wir wohnen in einem Concord-Royal-Deluxe-Cruiser mit allem nötigen Komfort. Glauben Sie, ich teile mir mit Kreti und Pleti eine Gemeinschaftsdusche?«

»Mama, kann Ben zu uns zum Spielen kommen? Und Hannah auch? Bitte, Mama, bitte!«, bettelt Charlotte. »Ich putz auch heute noch das Bad, ich versprech's!«

Frau König stöhnt. »Nein Schatz, wirklich. Unsere Nachbarn wollen ganz in Ruhe Urlaub machen, dabei wollen wir sie nicht stören. Du kannst Ben ja mal einladen, wenn wir zu Hause sind.«

Inzwischen ist auch Herr König zu uns gestoßen, der offenbar damit befasst war, den Ladenvorrat an Pikkolos in sein Einkaufskörbchen zu packen. Kurzes betretenes Händeschütteln, doch mein Mann überbrückt die unangenehme Situation gleich mit dem passenden Smalltalkthema: »Herr König, ich höre, Sie sind mit einem Concord-Royal-Deluxe-Cruiser unterwegs? Ist das nicht der mit integriertem Home-Entertainment-System und fast 500 PS?«

»Ganz richtig, Herr Nachbar«, sagt König stolz. »Ein echtes Prachtstück!«

»Haben Sie die Kalbsledersitzedition? Und den fünfflammigen Gasherd?«, fragt mein Mann interessiert.

»Natürlich. Man wollte uns statt des Royal-Deluxe erst einen Wagen aus der Royal-Star-Edition anbieten, aber da gab es nur einen Elektroherd und das Soundsystem war längst nicht so ausgereift, mal ganz abgesehen vom Stauraum. Im Concord-Royal-Deluxe könnte man sogar einen von diesem lustigen Smarts parken, wenn man wollte.«

»Faszinierend, das würde ich wirklich gern mal sehen«, sagt mein Mann, und ich sehe die Panik in Frau Königs Augen aufflackern.

»Ja, kommen Sie doch einfach zum Aperitif bei uns vorbei. Wir stehen dort am östlichen Ende in der ersten Reihe, mit Meerblick«, sagt Herr König.

Und Frau König bellt: »Aber den Hund lassen Sie schön bei sich, bitte. Ja?«, bevor sie Mann und Kinder in Richtung Kasse drängt und leise beschimpft.

»Das hätte ich denen echt nicht zugetraut, dass die

campen gehen würden«, sagt mein Mann, als wir uns –
immer noch erstaunt über diese unverhoffte Begegnung –
durch den Nieselregen auf den Rückweg zu unserem Zelt
machen. Ben ist wahnsinnig stolz darauf, dass er doch
recht hatte, und Hannah freut sich über die frisch gekauf-
ten Reiswaffeln, von denen sie schon mal eine als Weg-
zehrung wegknuspern darf – unsere Vorräte sind bei dem
feuchten Wetter längst aufgeweicht.

»Das ist doch nicht campen, was die Königs da machen«, sage ich. »So wie es scheint, sind die mit einer
fahrbaren Kleinversion ihres Eigenheims hier. Apropos:
Woher wusstest du denn so genau Bescheid über dieses
Royal-Luxus-Dingsda-Mobil?«

»Tja, ich habe eben auch geheime Träume und Leiden-
schaften, von denen du nichts ahnst, mein Schatz«, sagt
mein Mann. »Du träumst von DHL-Simon, ich von einem
Luxuswohnmobil.«

Ach du liebe Zeit, denke ich. Und bin jetzt erst recht
gespannt auf unseren »Aperitif« bei den Königs am späte-
ren Nachmittag.

Wir ziehen uns alle einigermaßen trockene und schlamm-
spritzerfreie Klamotten an, Ben sucht noch ein paar
Muscheln aus seinem Eimer als Gastgeschenk aus, ich
nehme Pupsi an die Leine (nicht ohne meinen Labrador!),
mein Mann hebt sich Hannah auf die Schultern und los
geht es ans andere Ende des Campingplatzes, dorthin,
wo die Wohnmobile stehen.

»Jetzt bringt die doch den Köter mit«, höre ich Frau
König halblaut zu ihrem Mann sagen, als wir uns dem
gewaltigen Campingwagen ... ach was, dem fahrbaren

Camping-Schloss nähern. Ich binde den armen Pupsi in sicherem Abstand zum Königsmobil an einen Baum, entschuldige mich bei ihm mit einem extradicken Kauknochen und dann betreten wir den mit einer gigantischen Markise überspannten Vorplatz eines noch gigantischeren Wohnmobils.

»Willkommen, willkommen, nur immer heran«, begrüßt uns Herr König in jovialem Ton, Frau König nickt uns mit verkniffener Miene zu und hält uns Plastiküberzieher vor die Nase, die wir doch bitte alle über unsere Schuhe ziehen sollen, bevor wir den mit Kunstrasen ausgelegten Terrassenbereich betreten.

»Ich habe schon mal den Grill angeworfen«, sagt Herr König und zeigt auf einen aus der Außenwand des Campingmobils herausklappbaren Barbecue-Gasgrill. »Sie mögen doch Jakobsmuscheln?«

»Charlotte, Jonathan, kümmert ihr euch bitte um diese Kinder hier und passt auf, dass sie nichts anfassen?«, sagt Frau König mit Blick auf Ben und Hannah, dann zeigt sie auf den Campingtisch, auf dem schon ein Sektkübel mit geöffneter Flasche und vier Sektflöten stehen. »Bitte, lassen Sie uns doch anstoßen. Auf besseres Wetter!«

»Ja, und auf unser unverhofftes Treffen«, sagt mein Mann, so als habe er sich wirklich darüber gefreut, ausgerechnet hier den spießigsten unserer Nachbarn über den Weg zu laufen. Andererseits ist es natürlich eine willkommene Abwechslung in diesem vernieselten, nassen Urlaub. Und irgendwie auch eine Offenbarung: Es ist eben nichts wie es scheint in unserem Blumfelder Wendehammeridyll.

»Nun erzählen Sie doch mal, Frau König, wie kommt es,

dass Sie hier an der Ostsee urlauben und nicht im Club Med auf Sardinien?«, frage ich.

»Reine Abenteuerlust!«, sagt die König sarkastisch.

»Nun, es war meine Idee, meine Frau war erst nicht sehr begeistert«, erklärt Herr König, während er die Jakobsmuscheln wendet. »Aber die Zeiten werden härter, auch wir müssen den Gürtel enger schnallen. Freunde haben uns dieses erstklassige Wohnmobil zur Verfügung gestellt, und das Klima hier an der Küste tut den Kindern gut.«

»Erzähl ihnen doch gleich, dass du uns finanziell ruiniert hast. Es ist doch ohnehin alles egal«, sagt die König mit verbitterter Miene und gießt sich ihr Sektglas noch einmal bis zum Rand voll.

»Nun, so würde ich es nicht sagen, mein Täubchen. Einige meiner finanziellen Unternehmungen haben nicht ganz den Ertrag gebracht, den ich mir davon versprochen habe«, beschwichtigt König. »Dazu der Wertverlust unseres Grundstücks durch den Bau der Windkraftanlage, die Inflation. Wir müssen uns eben ein wenig einschränken.«

»Wir sollten das Haus verkaufen und wegziehen«, sagt die König. »Das ist einfach kein Umfeld mehr für unsere Kinder.«

Die Kinder haben sich übrigens hinter dem Rücken der Erwachsenen heimlich ins Innere des Wohnmobils geschlichen, am bläulichen Schimmer in einem der Fenster erkenne ich, dass sie wohl eine der fünf integrierten Flachbildglotzen angeworfen haben und fernsehen, was bei Königs sicher streng verboten, mir aber nur recht ist. So kann ich mir ganz in Ruhe die königschen Abstiegsängste anhören.

»Wieso kein Umfeld für ihre Kinder?«, fragt mein Mann und schenkt allen noch mal Sekt nach.

»Das fragen Sie noch? Neben uns wohnen diese ungehobelten Motorrad-Rowdies mit ihrem indiskutablen Sohn. Dann Hansen mit seinem asiatischen Flittchen. Bei Liebmanns geht alles drunter und drüber, sie wird wohl mit den Kindern erstmal zu ihrer Mutter ziehen, aber man muss ja Angst haben, was er dann mit dem Haus anstellt. Der Mann ist völlig außer Rand und Band, am Ende fängt er noch an, Orgien zu feiern. Oder satanische Messen. Oder er lässt einfach alles noch weiter verkommen. Ein Albtraum«, sagt Frau König. »Und haben Sie schon das von unseren Fischzüchtern gehört?«

»Nein«, sagen Benni-Papa und ich im Chor. Bei Koi-Karsten und Koi-Kerstin schien die Welt noch einigermaßen in Ordnung zu sein. Doch das ist offensichtlich weit gefehlt.

»Also bitte, Liebling, das muss auch nicht jeder wissen«, versucht Herr König seine Frau noch zu bremsen, doch die öffnet eine weitere Flasche Sekt und hat offensichtlich gar keine Lust, sich zu zügeln.

»Was denn, bald wird es eh offensichtlich sein, dass Kerstin schwanger ist.«

»Kerstin ist schwanger? Das ist doch toll! Das wollte sie doch unbedingt«, rufe ich freudig.

»Ja, die Frage ist nur: von wem? Wohl kaum von ihrem Mann. Der kann doch nicht mehr, hat er uns ja selbst brühwarm bei Ihrem Gartenfest erzählt. Schnipp-schnapp. Sie erinnern sich?«

»Ja, aber von wem denn dann?«, fragt mein Mann.

»Seien Sie doch nicht so naiv. Von wem wohl? Von diesem kleinen Postboten natürlich. Der bespringt doch alles, was nicht bei drei auf den Bäumen ist«, sagt die König.

»Ach, ist das so?«, fragt mein Mann und schaut mich fragend an.

»Ich glaube, Simon ist einfach ein Dienstleister der alten Schule. Er gibt all seinen Kunden genau das, was sie haben wollen. Manchen ein paar nette Komplimente, manchen das Kind, das sie schon immer haben wollten, und manchen eben einfach nur die Post«, sage ich.

»Na, Sie müssen es ja wissen«, sagt die König, nimmt noch einen tiefen Schluck und fragt plötzlich erschrocken: »Wo sind eigentlich die Kinder? Doch nicht etwa drinnen?«

»Lass doch Liebling, was soll denn schon passieren. Die Jakobsmuscheln sind gerade fertig, und ich wollte jetzt die Merguez-Würstchen auflegen«, sagt Herr König.

Doch sie lässt sich nicht aufhalten und marschiert schnurstracks auf die Tür des Wohnmobils zu. Ich gehe vorsichtshalber hinterher, nur falls ich meine Kinder vor einem königlichen Wutanfall retten muss, und stecke direkt hinter Frau König den Kopf durch die Luke.

Tatsächlich hocken Jonathan, Charlotte und Ben gemütlich auf der beigen Ledersitzgruppe und gucken auf einer enormen Flachbildglotze KiKa – beziehungsweise: sie haben Kika geguckt. Jonathan drückt sofort schuldbewusst den Aus-Knopf und schaut seine Mutter furchtsam und in Erwartung eines Donnerwetters an. Doch die schreit gar nicht, sattdessen scannt sie das Innere des Wohnmobild und fragt bloß: »WO IST EMMA?«

»Äh, sie heißt Hannah, aber egal, trotzdem gute Frage«, stottere ich hinter ihr. »Wo ist Hannah, Ben?«

Die drei Kinder in der Sitzgruppe zucken mit den Achseln, da höre ich von schräg oben das fröhliche »Daidaidai« meiner Tochter. Hannah ist – wie auch immer – in den Alkoven geklettert und hat es sich dort oben gemütlich gemacht. Nicht weiter schlimm, wenn mir nicht ein leicht chemischer Geruch in die Nase steigen würde und Frau König nicht das blanke Entsetzen ins Gesicht geschrieben stünde.

»Das KIND!«, schreit sie jetzt. »Holen Sie das KIND da runter. O Gott! Nicht die Schuhcreme! Es hat doch nicht etwa die Schuhcreme …!«

Doch, es hat. Und jetzt sehe ich die Katastrophe auch: Hannah sitzt da oben und ist von Kopf bis Fuß mit schwarzer Pampe eingeschmiert. Und nicht nur sie, auch die lederbezogenen Wände haben reichlich Pflege abbekommen. Ich klettere also die kleine Notleiter nach oben, winde Hannah die Dose mit der Schuhwichse aus den schwarzen Fingern, rufe: »Wir sind versichert. Wir sind gut versichert!« bevor Frau König vor lauter Schnappatmung ohnmächtig wird, greife mir beide Kinder und flüchte nach draußen.

»Ich glaube, wir müssen gehen«, sage ich zu meinem Mann, der sich gerade über einen Teller mit gegrillten Jakobsmuscheln hermachen wollte. Im Inneren des Wohnmobils geht ein Donnerwetter auf die Königskinder nieder, das sich gewaschen hat, sogar Herr König guckt ganz betreten.

»Vielen Dank für die Einladung«, sage ich zu Herrn König, der ja noch nicht weiß, was drinnen vorgefallen ist. »Wir sind gut versichert. Bitte melden Sie sich einfach nach Ihrem Urlaub bei uns. Machen Sie Fotos von dem

Schaden, es wird sich alles regeln. Es tut uns sehr leid!«, stammle ich, mich und meine Familie im Schlepptau rückwärts vom Wohnmobil entfernend.

»Ist das Schuhcreme?«, fragt Benni-Papa, als wir außer Hörweite sind und den armen Pupsi von seinem Baum binden.

»Yep«, antworte ich nur.

Wir marschieren schweigend zurück zu unserem Zelt. Mein Mann checkt auf seinem Telefon den Wetterbericht und verkündet, dass auch die nächsten zwei Tage Nieselregen angesagt ist, ich nutze unsere letzten Feuchttücher, um Hannah die Schuhcreme aus dem Gesicht und von den Händen zu wischen. Eigentlich müsste ich mit ihr ins Waschhaus und ihr die schwarze Pampe auch aus den Haaren waschen, aber dann wechseln mein Mann und ich einen langen, stummen Blick.

»Kinder, wir packen und fahren nach Hause«, sage ich.

»Menno!«, schreit Ben, aber dann erklärt ihm sein Vater, dass es wohl keinen Sonnentag am Strand mehr geben wird in der nächsten Zeit und dass wir das Zelt genauso gut in unserem Garten, gleich neben dem Trampolin, noch mal aufbauen können. Und dass er mit Ben darin noch ein paar Nächte schlafen würde, was fast genauso schön sei wie hier auf dem Campingplatz, mit dem Unterschied, dass es ab und zu etwas Gutes zu essen, ein warmes Bad in der eigenen Nasszelle und frische und vor allem trockene Klamotten gäbe. Und da ist Ben einverstanden.

Und so sitzen wir zwei Tage früher als geplant wieder im gepackten Auto auf dem Weg nach Hause.

»Nächstes Mal mieten wir auch ein Wohnmobil« sagt mein Mann.

Nächstes Mal? Nächstes Mal erkundigen wir uns noch ausgiebiger nach den Urlaubsplänen unserer Nachbarn. Und bleiben dann am Besten einfach gleich im Wendehammer!

Katharsis

Jedem Hausbrand wohnt ein Zauber inne

Ja, was haben wir uns gefreut auf unser warmes und trockenes Zuhause. Denn auch ein verregneter Sommer lässt sich ertragen, sofern man über einen gut gefüllten Kühlschrank verfügt, reichlich Weinvorräte und ein Kinderzimmer mit einer Tür, die sich einfach zumachen lässt. Mal ganz abgesehen von den Segnungen des Kinderkanals, die auch den genervtesten Eltern mal eine halbe Stunde Ruhe verschaffen.

Nach dem frühzeitigen Abbruch unseres Campingurlaubs sitzen wir also erwartungsfroh im Auto, voll Sehnsucht nach trockenen und sauberen Klamotten, und ich google schon mal in meinem Handy, wie ich Hannah die restliche Schuhcreme aus den Haaren waschen kann (Shampoo und Spülmittel im Verhältnis drei zu eins mischen und ein paar Minuten einwirken lassen!).

Schließlich biegen wir in den sonnenbeschienenen Wendehammer ein – in Blumfeld scheint das Wetter all die Tage lang bombastisch gewesen zu sein – und entdecken einen großen Umzugswagen vor der Tür des Schwedenhauses.

»Hallöchen«, ruft Susi Liebmann uns fröhlich zu, als wir aus dem Auto steigen. »Na? Schönen Urlaub gehabt?«

»Geht so«, sage ich. »Und du? Ziehst du um?«

Tatsächlich tragen zwei junge Kerle Kisten und Möbel aus der Schwedenhütte, von Herrn Liebmann und den beiden Zwillingsmädchen ist weit und breit nichts zu sehen.

»Mein Mann hat sich einen Rucksack gepackt und gesagt, er müsse mal für sich sein und werde nun durch Nepal wandern. Und ich habe nicht vor, noch hier zu sein, wenn er zurückkommt. Ich ziehe mit den Kleinis zu meiner Mutter. Könntet ihr vielleicht ein Auge auf unsere Blumis haben?«

»Klar«, sage ich. Aber da schreckt mich ein lauter Schrei meines Mannes auf, der schon mal unser Campinggepäck ins Haus schaffen wollte.

»Wasser!«, schreit er und kommt wieder aus der Tür gerannt. »Wasser! Überall!«

Tatsache! Als ich mit Ben, Hannah und Pupsi hinter ihm unseren Hausflur betrete, tappe ich in eine gigantische Pfütze. Überall steht Wasser. Im Flur und in der Küche. Auch die Stufen, die hoch zu den Kinderzimmern und zu unserem Schlafzimmer führen, sind nass. Ein enormer Wasserfleck zieht sich von der Flurdecke über die gesamte Außenwand. Wasserrohrbruch!

Mein Hirn schaltet in den Katastrophenmodus: Alle raus hier! Notdienst rufen! Hauptwasserhahn abdrehen! Versicherung anrufen (muss ich ja ohnehin, wegen Hannahs Schuhcremeaktion)! Gummistiefel suchen! Panik unterdrücken!

Während mein Mann und ich also durchs Haus wuseln und versuchen, einen Klempnernotdienst zu erreichen, dirigiert Susi Liebmann weiter die Möbelpacker, streichelt noch mal liebevoll über die weiß getünchten Stützpfosten der Veranda, stellt einen der Steinwichtel im Vorgarten wieder an seinen Platz und schließt schließlich die Tür hinter sich. Dann kommt sie auf mich zu, mit dem Schlüssel in der Hand.

»Hört mal, sehe ich das richtig? Ihr habt einen Wasserrohrbruch? Ihr könnt gern erst mal hier wohnen, falls das eine längere Angelegenheit wird. Die meisten Möbel sind ja noch da. Bitte bedient euch an allem, in der Vorratskammer ist noch ganz viel Erdbeermarmelade, ich hab dieses Jahr so viel eingekocht, ich weiß gar nicht, wohin damit.« Sie drückt mir ihren Hausschlüssel mit dem Marienkäferanhänger in die Hand, steigt zu den beiden Möbelpackern in den Laster und rauscht davon.

Umziehen ins Schwedenhaus? Bloß nicht, denke ich. Doch dann kommt der Installateur, um sich unseren Wasserschaden anzusehen, und ich sehe den Mann sorgenvoll und fassungslos den Kopf schütteln, als er durch unseren nassen Flur watet. Ich wette, das sorgenvolle Gesicht ist antrainiert, um seine wahren Gefühle zu verbergen, denn in seinem Installateursgehirn formiert sich doch sicher schon ein Kostenvoranschlag, der den guten Mann innerlich jubilieren lassen sollte.

»Da muss aber irgendjemand total gepfuscht haben«, sagt er schließlich. »Sowas darf es eigentlich gar nicht geben.«

Tja, das hilft mir jetzt auch nicht weiter. Der Klemptner betrachtet weiter sorgenvoll den gigantischen Wasserfleck.

»Ich kann es mal mit einer Leckortung versuchen, aber da werden wir trotzdem großflächig die Wände aufklopfen müssen.« Dann erzählt er mir noch von Spürgastechnik, Thermographie und elektro-akustischer Horchmethode, von Trocknungsmaschienen und tagelanger Lärmebelästigung – in meinem Kopf verschwimmt das alles zu einem einzigen Informationsbrei.

»Am besten packen Sie Ihre wichtigsten Sachen zusammen und ziehen für ein paar Wochen aus«, sagt der Mann schließlich.

»Ja, wir zelten einfach im Garten!«, ruft Ben. »Papa hat das doch versprochen!«

»Ich weiß was viel besseres, mein Schatz: Wir machen Urlaub bei den Liebmanns. Im Schwedenhaus!«, rufe ich. Erteile dem Installateur den Auftrag, sich bitte sofort um alles zu kümmern, und zwar so schnell und so gründlich wie möglich, und hechte in unsere Garage, wo zum Glück noch ein paar Umzugskartons stehen.

Und dann packen wir alles ein, was uns heilig ist und was weder Feuchtigkeit noch Baustaub verträgt: Bens Legos und Hannahs Kuscheltiere, die Fotoalben, die wichtigsten Dokumente, Bettwäsche und Handtücher, die Kaffeemaschine und meine Lieblingsbücher. Benni-Papa packt auch noch seine Filmsammlung, unseren Weinvorrat, die Stereoanlage und die Glotze ein. Das alles schaffen wir rüber ins halb leer geräumte Schwedenhaus und richten uns häuslich ein.

»Fühlt sich an, als würden wir umziehen«, sagt mein Mann, aber ich beschwichtige ihn. Ist ja nur für ein paar Wochen und wenn das ganze Haus voller Wasser, Staub und Handwerker ist, fühlt es sich einfach besser an, seine wichtigsten Sachen in Sicherheit zu wissen.

Ben will auf gar keinen Fall in den rosa, lila und pink gestrichenen Zimmern der Liebmann-Zwillinge nächtigen und nötigt seinen Vater, das Familienzelt nun eben im

Liebmann-Garten aufzustellen, mitten auf die Schmetterlingswiese. Ich beziehe die liebmannsche Bettstatt – ein mit Stoffblumen umranktes und mit viel Tüll verziertes Bauernhimmelbett – und kann ein bisschen nachfühlen, warum Herr Liebmann in dieser Puppenstube Gewalt- und Ausbruchsphantasien entwickelt hat. Benni-Papa schließt die Stereoanlage an und vertreibt die schlechten Schwingungen mit lauter und guter Musik, und Pupsi begießt all die »Blumis« im Garten, freudig erregt über die unverhoffte Erweiterung seines Territoriums.

Natürlich bleibt auch unseren Nachbarn nicht verborgen, dass bei uns eine Katastrophe größeren Ausmaßes stattfindet. Koi-Kerstin schaut gleich mit ihrer Räucherschale vorbei und bietet ihre Dienste an, schließlich wabert hier in der Schwedenhütte ja einiges an feinstofflicher Negativenergie herum. Zum Glück kann ich sie mit Hinweis auf unser Untermietverhältnis bremsen, schließlich weiß ich nicht, ob die Liebmanns die Feng-Shui-Raumräucherung gutheißen würden.

»Und außerdem solltest du mit solchen Sachen jetzt vorsichtig sein – in deinem Zustand«, sage ich zu Koi-Kerstin, die auch sofort ganz innwendig lächelt und sich das kleine, noch fast nicht sichtbare Bäuchlein streichelt.

Ja, ein kleines Wunder sei das, sie sei ja so unbeschreiblich glücklich. Und Karsten?

»Ach, der gewöhnt sich an den Gedanken. Er meditiert viel und harkt seinen Kiesgarten, und das gibt ihm Kraft und Ruhe. Er ist ja auch ein bisschen stolz, dass es doch noch geklappt hat. Und das, obwohl er diese Operation hatte.«

»Ja, wirklich ein Wunder«, huste ich.

»Er wird die Koi-Zucht aufgeben und sich jetzt mehr auf die Landschaftsarchitektur fokussieren. Kiesgärten sind total im Kommen, und der Beratungsbedarf ist riesig«, sagt Kerstin. »Aus dem Teich machen wir einen großen Sandkasten, die Kois ziehen um. War ja ohnehin immer schon zu laut hier für die Fische und jetzt noch der Infraschall durch die Windkrafträder …«

Ich dachte zwar immer, Fische seien taub, aber was soll's. Hauptsache Karsten und Kerstin werden eine glückliche Kleinfamilie, auch wenn der Nachwuchs wohl seinem Vater kaum ähnlich sehen dürfte. Und wenn Karsten es schafft, der Koi-Zucht zu entsagen und sich auf Kieselsteine zu kaprizieren, dann sind das doch gute Voraussetzungen für ein Leben mit Kind: Kieselsteine sind deutlich unempfindlicher als Goldfische.

Auch Hansen schaut vorbei, leider ohne seine junge Braut. »Die ist ständig nebenan im Blockhaus und quatscht mit der Samy. Die haben sich gesucht und gefunden, die zwei. Na, so lernt sie wenigstens ein bisschen Deutsch, kann ja nicht schaden. Und sonst: Kann nicht meckern«, sagt Hansen, als wir uns nach dem jungen Glück erkundigen. Dann erzählt er uns noch, dass er ja gleich gesagt habe, dass das nicht gut gehen könne, als er beim Bau des Hauses das Verlegen der Rohre beobachtet habe. Stümperei sei das gewesen, und er habe das unserem Vorbesitzer auch gesagt. Da habe der Meister seinen jungen Azubi quasi im Alleingang die Rohrleitungen verlegen lassen, und der Junge sei sichtlich überfordert gewesen. Ein Wunder, dass das jetzt erst alles kaputt gegangen sei.

»Ja, wenn man nicht alles selber macht«, seufzt auch Blockhaus-Dany, als er von unserer Misere hört. Er überlässt uns großzügigerweise das geliehene Familienzelt noch für ein paar Wochen und schlägt vor, alle zusammen einen eigenen Brunnen zu bohren, um nicht länger von der Wasserversorgung durch die Gemeinde abhängig zu sein. Jetzt, da wir doch unseren Wasserbezug und -verbrauch sowieso ganz neu überdenken müssten, sei das doch DIE Gelegenheit.

»Autarkie ist das Zauberwort, Freunde! Wir schießen unser eigenes Fleisch, wir heizen mit unserem eigenen Holz, wir ziehen unser eigenes Wasser. Das ist die Zukunft. Unabhängigkeit!«, ruft Blockhaus-Dany begeistert.

Seit Hansen seine Chi Linh habe, habe seine Samy auch endlich wieder ein Projekt, das sie auslaste – Jack sei ja nun schon ziemlich unabhängig. Chi Linh mache Samy die Nägel und Samy bringe Chi Linh Deutsch bei. »Die beiden verstehen sich prächtig«, sagt Blockhaus-Dany. Und er habe so mehr Zeit und auch wieder richtig Lust auf eine kleine Bauaktion.

»Vielleicht endlich euren Carport? Oder wollt ihr nicht die Gelegenheit nutzen und ein paar Trennwände in eurer Bude einreißen? Sagt einfach Bescheid, ich helfe gern.«

Und auch die Königs lassen sich blicken, schon um uns noch mal schön unter die Nase zu reiben, dass unser Vorbesitzer »ganz offensichtlich an der Qualität gespart« habe, als er das Haus bauen ließ. Man sei übrigens bereit, den Schuhcremevorfall auf sich beruhen zu lassen, unter der Bedingung, dass wir unsererseits nicht in der Nachbarschaft verbreiten, dass die Königs gar nicht auf Sardinien waren. »Muss ja nicht jeder wissen. Geht ja wirklich niemanden etwas an«, sagt Frau König.

Wir haben uns inzwischen ganz gut eingelebt in der Schwedenhütte. Tatsächlich ist in der Vorratskammer noch ein beachtliches Arsenal an Erdbeermarmelade zu finden, an der wir uns gütlich tun. Wenn ich mir das liebmannsche Ehedrama und diesen gescheiterten Versuch vom guten Leben so ansehe, bin ich plötzlich gar nicht mehr so traurig, dass ich es auch in diesem Jahr nicht hinbekommen habe, selber einzukochen.

Nebenan röhren in unserem Haus mit dem blauen Dach inzwischen Tag und Nacht etliche Trocknungsmaschinen, nachdem zwei Wände aufgestemmt, diverse Wasserlecks beseitigt und der aufgeweichte und wellig gewordene Holzboden entfernt worden sind. »In zwei Wochen können Sie wieder rein«, sagt der Installateur. Ansonsten würde er uns raten, die Trocknungsmaschinen nun einfach ihre Arbeit tun zu lassen und uns bis auf weiteres einfach nicht mehr um unser Haus zu kümmern.

Und das hätten wir auch nicht getan, hätte nicht das Schicksal andere Pläne mit unserem Eigenheim gehabt. An einem besonders lauen Sommerabend – wir hatten gerade ein paar Würstchen auf den gemauerten Grill der Liebmanns gelegt, den langen Holztisch unterm Kirschbaum schön gedeckt und uns ein Bier aufgemacht – da klingelt es Sturm an unserer Tür.

»JO!«, ruft Jack aufgeregt, als ich ihm aufmache. »Bei euch brennt's!«

»Das ist nur der Grill, Jack. Willst du reinkommen? Willst du auch ein Würstchen? Oder ein Bier?«

»Nee, echt jetzt, Mann. Bei euch brennt's. Nicht hier, in EUREM Haus!«, ruft Jack aufgekratzt und zieht sich die Baggy Jeans hoch.

Jetzt gehe ich doch hinter ihm her auf die Straße und da sehe ich es auch: Unter unserer Haustür quillt dicker Qualm durch den Spalt zwischen Tür und Fußmatte, hinter unseren Küchenfenstern flackert es.

»FEUER!«, schreie ich, renne zurück ins Schwedenhaus, schnappe Hannah, Ben und Pupsi, brülle meinen Mann an, er solle die Feuerwehr rufen, und stehe dann mit meiner schockierten Familie und dem nicht weniger sprachlosen Jack in der Mitte des Wendehammers und schaue zu, wie immer mehr Qualm aus den Fensterritzen dringt, erst im Erdgeschoss, dann im ersten Stock. Ich höre die Sirene der Freiwilligen Feuerwehr Blumfelds, die die tapferen Männer und Frauen des Dorfes zusammenruft und schwöre mir, gleich morgen Mitglied zu werden in diesem heroischen Verein. Was nützt einem ein Schützenkönig als Mann, wenn einem die Hütte abfackelt? Gar nichts!

Inzwischen haben sich auch unsere Nachbarn zu uns gesellt. Aus der Ferne hören wir das Tatütata des Löschzugs. Ben erwacht aus seiner Schockstarre, als das erste rote Feuerwehrauto in den Wendehammer einbiegt. »Cool!«, ruft er. »Die Feuerwehr! Nur für uns!«

»Hoffentlich nur für euch, nicht dass das noch auf unsere Häuser überspringt«, sagt Herr König.

»Kurzschluss, ganz klar. Hab ich gleich gesehen, dass die Elektrik Murks ist«, sagt Hansen. »Hätte schon beim Hausbau niemals abgenommen werden dürfen, was die da fabriziert haben.«

»War sicher eines von diesen Trocknungsgeräten, billigste Chinaware, war mir gleich aufgefallen«, sagt Blockhaus-Dany.

»Wir sind gut versichert«, sagt mein Mann.

»Ich habe sehr gute Kontakte zu einer Anwaltskanzlei, die auf Baumängel spezialisiert ist«, sagt Herr König. »Ich gebe Ihnen gleich die Nummer.«

Und während die Feuerwehr ihre Schläuche ausrollt und an den Hydranten anschließt, stelle ich mir vor, was da jetzt gerade alles in Flammen aufgeht. Unsere Möbel. Der Teppich von meiner Oma, den ich eigentlich sowieso nicht mochte. Unser Bett (war eh ziemlich durchgelegen). Bens und Hannahs Kinderzimmerausstattung. Unsere Couch. Die Vorhänge, die Benni-Papa vor gar nicht allzu langer Zeit erst angedübelt hatte. Zum Glück nichts, was wirklich wichtig wäre. Alles, was uns lieb und teuer ist, hatten wir ohnehin schon ins Schwedenhaus geräumt. Und das Allerwichtigste steht hier mit mir auf der Straße und schaut sich das Spektakel an.

»Das Haus hatte einfach kein gutes Karma«, sagt Koi-Kerstin und legt mir tröstend die Hand auf die Schulter.

»Kein gutes Karma? Das Haus hatte keinen guten Stil!«, sagt die König. »Ihr Verlust tut mir leid, aber ganz ehrlich: Um DIESES Haus ist es irgendwie nicht schade.«

»Ich mach schnell ein paar Schnittchen für die Feuerwehrmänner. Und hol uns mal was zu trinken«, sagt Blockhaus-Samy und stolziert auf ihren hohen Hacken wieder ins Blockhaus.

»Ich freu mich schon, wenn wir das alles wieder aufbauen. Wirklich, das ist auch eine Chance. Ein ganz toller Neuanfang wird das!«, sagt Blockhaus-Dany.

Jack hat Ben auf die Schulter genommen und bejubelt gemeinsam mit meinem Sohn den satten Wasserstrahl, der von der Feuerwehr nun durch die inzwischen geöffnete Haustür und die Fenster im ersten Stock gespritzt wird.

Pupsi hat sich Bauer Hansen zu Füßen gelegt und lässt sich von ihm und seiner jungen Frau mit Leckerlies füttern, Hannah ist trotz all des Trubels an meiner Schulter eingeschlafen.

»Ich kann mir nicht helfen«, flüstert mein Mann mir ins Ohr. »Ich hab die ganze Zeit ›Burning down the house‹ von den Talking Heads im Kopf.«

»Und ich bin so froh, dass wir diesen Wasserrohrbruch hatten und schon ausgezogen sind. Wir haben wirklich großes Glück gehabt«, sage ich.

Koi-Karsten merkt an, dass ein Leben, befreit von unnötigem Ballast und Besitz, der wahre Schlüssel zum Glück sei. Er selbst spüre das ganz deutlich, seit er sich von seinen Kois getrennt habe.

»Feuer reinigt«, stimmt Kerstin ihm zu. »Und ihr könnt ja jetzt bei den Liebmanns bleiben, die verkaufen euch das Haus sicher günstig.«

»Auf gar keinen Fall!«, rufen mein Mann und ich im Chor.

»Wir fangen einfach ganz neu an«, sagt er schließlich nach einer kurzen Stille.

»Ziehen zurück in die Stadt«, sage ich.

»Oder wir ziehen richtig aufs Land.«

»Oder wir nehmen das Geld von der Versicherung und gehen alle zusammen auf Weltreise.«

Oben schlagen die ersten Funken aus dem blauen

Dach, der Oberbrandmeister kondoliert uns zum Verlust unseres Eigenheims, und Blockhaus-Samy verteilt Dosenbier und belegte Brötchen unter den Feuerwehrmännern und den Schaulustigen. Alles in allem ist das hier die lustigste Nachbarschaftsparty, die wir im Wendehammer je erlebt haben.

Mein Mann und ich liegen uns in den Armen, summen zusammen »Burning down the house« und überlegen, was man noch so alles anstellen könnte, jetzt, da wir quasi zu einem Neuanfang gezwungen sind.

Kein schlechter Zustand!

Schließlich ist so ein Wendehammer ja auch nichts anderes als eine Sackgasse. Gut, wenn man rechtzeitig die Kurve kriegt.

Wer die kleinen Scheißer mag,
wird die großen Ärsche lieben ...

Das erste Buch der Benni-Mama:

– Leseprobe –

Wandertag ins Mittelalter

Warum eine Hexenverbrennung
kein Kinderzirkus ist

Letzte Nacht habe ich nicht geschlafen. Ich musste ein dringendes Projekt fertigstellen und bin nun, wo alle normalen Leute ausgeschlafen zur Arbeit marschieren, völlig erschlagen und fertig. Dabei habe ich den Tag über Kita-Elterndienst. Heute ist nämlich Wandertag, und diesmal muss ich mit. Hatte mit Krümel-Mama zweimal Putzdienst gegen einmal Wandertag getauscht, und das habe ich nun davon.

»Ich hab mir was ganz, ganz Tolles überlegt«, frohlockt Bio-Bärbel, Sonderbeauftragte für Wandertagsausflugsziele. »Auf dem großen Sportplatz in der Nordstadt steigt ein Spektakulum, ist das nicht toll?«

»Ein was?«, frage ich müde.

»Na, ein Mittelalterfestival. Ritter, Burgfräulein, Reiterspiele. Die Kinder werden begeistert sein!«, jauchzt Bio-Bärbel.

»Aha. Wenn du magst, kannst du gern meinen Platz übernehmen, ich bin gar nicht so wild auf das Mittelalter«, versuche ich mein Glück. Aber Bio-Bärbel winkt ab. Sie müsse arbeiten. Da hätte ich natürlich drauf kommen können.

Also trete ich pünktlich um halb neun meinen Dienst in der Kita an. Ben freut sich, dass Mama den ganzen Tag mit dabei ist, und hält tapfer meine Hand, während wir in Zweierreihen vom Kindergarten in Richtung Bushaltestelle marschieren. Die Kinder sind alle ganz aufgeregt: Werden wir beim großen Spektakulum auch Drachenkämpfe zu sehen bekommen? Werden echte Prinzessinnen anwesend sein?

»Schön, dass wir den Kindern heute gleich ein bisschen Geschichtsbewusstsein vermitteln können. Ich habe gehört, das Fest soll wirklich sehr authentisch sein«, sagt Annabelle gutgelaunt.

Authentisch? O Gott, bitte lass es vor Ort auch Toiletten des 21. Jahrhunderts geben und möglichst keine öffentliche Vierteilung!

Auf dem Sportplatz angekommen, stehen wir mit den Wilden Schlümpfen vor einem Brettertor, direkt vor uns kreuzen zwei schwitzende junge Männer in Ritterrüstung ihre Lanzen.

»Haltet ein, ihr jungen Recken!«, brüllt der eine. Die Kinder zucken zusammen, Ben krallt meine Hand fest.

»Vier Taler muss ein jeder von euch bezahlen, sollte er größer als eine Schwertlänge sein!«, brüllt nun der andere Ritter, zieht ein Schwert aus seiner Rüstung und rammt es vor uns in den Boden.

»Könnten wir vielleicht einfach einen Gruppenpreis …« versucht Petra zu verhandeln. Doch der erste Ritter brüllt:

»Schweig still, Weib!«

»Alles ganz wunderbar authentisch hier«, flüstere ich Annabelle zu. Und dann führen wir die verängstigten Kinder einzeln an dem im Boden steckenden Schwert vorbei. Alle, die kleiner sind als das Schwert, dürfen sich also für den Rest des Ausflugs kostenlos anbrüllen lassen, für die anderen fischt Erzieherin Petra Geld aus ihrem Brustbeutel.

Die Ritter nehmen ihre Lanzen zur Seite, öffnen das Brettertor, und wir schreiten im Gänsemarsch hinein in das sogenannte Mittelalter. Männer mit langen Haaren, fusseligen Bärten und langen Filzkutten und Frauen in bunten Samtgewändern tanzen ekstatisch zum quäkenden Tandaradai einer Dudelsackband. Es gibt mehrere Stände, an denen Met in Trinkhörnern ausgeschenkt wird, und offenbar ernährten sich die Menschen im Mittelalter ausschließlich von Knoblauchbrot und Bratwurst.

»Geil, ich will damit schießen!«, schreit Ole, als er eine Armbrustschießbude entdeckt.

»Ich auch! Ich auch!«, rufen nun alle Kinder.

»O je, das gibt Ärger …«, sagt Petra. Aber was soll's, sollen die Kinder doch mit Kinderarmbrüsten auf Pappdrachen zielen. Petra fischt wieder ein paar Taler aus dem Brustbeutel, die Kinder stellen sich brav in einer Reihe auf, und dann darf jeder mal abdrücken.

»TOT!«, schreit Ole.

»Cool, voll abgeballert!«, schreit Leon.

»Harkan, NICHT auf Theo zielen!«, schreit Petra, aber es ist schon zu spät. Theo geht zu Boden und hält sich die Hand vors rechte Auge. Erzieherin Petra greift sich Harkan, Erzieherin Annabelle stürzt sich auf den schreienden Theo, ich stürze los, um … ja was? Einen Medizinmann? Eine Heilkundlerin? Eine Kräuterhexe? … zu holen, und hoffe inständig, dass es irgendwo hinter den Kulissen dieses Spektakulums einen waschechten Krankenwagen gibt und wir Theo nicht per Eselskarren ins Krankenhaus befördern müssen.

Doch zum Glück stehen tatsächlich gleich hinter der Bühne mit der Dudelsackkapelle zwei Sanitäter herum, die hier wohl vergeblich auf ohnmächtige Groupies warten und mit mir gemeinsam zum Armbrustschießstand zurückjoggen.

»Ruf du bitte Theo-Mama an«, sagt Annabelle mit flehendem Blick zu mir, während die Sanitäter Theos Auge kühlen und ihm einen ziemlich piratigen Kopfverband anlegen.

Wenn das hier vorbei ist, brauche ich einen doppelten Espresso, Freunde, und zur Not trinke ich ihn auch aus einem Rinderhorn! Ich wähle also die Nummer von Theo-Mamas Büro. Die Sekretärin geht ran, denn Theo-Mama ist gerade in einem Meeting. Ich bitte darum, der Chefin auszurichten, dass Theo von einer Armbrust am Kopf verletzt wurde und möglicherweise von seiner Mutter im Krankenhaus abgeholt werden müsse.

»Dieser Türkenbengel! Ich bringe ihn um!«, schreit Theo-Mama keine zwei Minuten später in mein Ohr und verspricht dann, das Au-pair-Mädchen in die Klinik zu schicken, um Theo dort aufzusammeln. Sie könne nämlich auf keinen Fall das Büro verlassen. Außerdem müsse sie jetzt schnell ihren Anwalt informieren, der solle schon mal was vorbereiten zum Thema Schmerzensgeld. Und ob wir nicht in eklatanter Weise unsere Aufsichtspflicht verletzt hätten, das sei ja nun auch noch zu klären.

Annabelle ist inzwischen mit Theo ins Krankenhaus gefahren, Petra und ich bleiben mit den übrigen verschreckten Kindern zurück. Zum Glück soll gleich ein Ritterturnier stattfinden, die Kinder setzen sich alle brav auf die Zuschauertribüne und warten – ich kann mich also schnell um meine Koffein-Dosis kümmern, die ich mir nach meiner durchgearbeiteten Nacht und den Schrecken des Mittelalters redlich verdient habe.

»Kaffee? Aber gute Frau, das ist doch Teufelszeug! Probiert lieber meinen köstlichen Honigwein!«, sagt der Vollbartträger hinterm Marktstand, bei dem ich mein Glück versuche.

»Werter Herr«, antworte ich gereizt, »Sie verkaufen hier ja auch Bratwurst mit Ketchup. Beides keine überlieferten Mittelalterspeisen. Also keine Faxen bitte und her mit dem Kaffee.«

Aber der Zausel dreht sich nur angewidert um und beachtet mich nicht weiter. Frustriert schleiche ich zurück zur Zuschauertribüne, um gemeinsam mit Erzieherin Petra meinen Aufsichtspflichten nachzukommen. Diesmal aber richtig!

Endlich geht das Ritterturnier los. Ich hatte mit ein bisschen Geschicklichkeitsreiterei gerechnet, aber nicht damit, dass Reiter in Ritterrüstungen mit gezogenen Lanzen aufeinander zugaloppieren und sich brutal aus dem Sattel schubsen. Den Kindern geht es ganz ähnlich.

»Das tut doch weh«, jammert Krümel neben mir.

»Die armen Pferde, das ist total gemein«, sagt Luzi mit zitternder Stimme. Bens kleine, schwitzige Hand krallt sich immer fester in meine.

Jetzt gibt es auch noch einen Schwertkampf. Zwei Ritter dreschen mit Schwertern aufeinander ein und stoßen urzeitlich anmutende Schmerzensschreie aus. Die Kinder sitzen starr vor Schreck auf ihren Plätzen. Sogar Harkan und Leon sind blass um die Nase.

»Ich glaube, wir sollten gehen, das ist alles ganz schön

brutal, und die Kinder sehen nicht so aus, als hätten sie Spaß«, sage ich zu Petra.

Die nickt: »Wir sollten hier dringend verschwinden und die nächste Eisdiele ansteuern.«

»Das nächste Mal machen wir den Wandertag wieder auf den Bio-Bauernhof, das ist authentisch genug«, sage ich.

Während wir also alle Kinder, Taschen, Rucksäcke und Jacken einsammeln und versuchen, unsere kreidebleichen Wilden Schlümpfe von der Zuschauertribüne zu lotsen, geht einer der beiden Ritter offenbar siegreich aus dem Schwertkampf hervor. Der Widersacher liegt geschlagen am Boden, der Sieger zieht sich den Helm vom Kopf und offenbart – ja sapperlot! – seine langen roten Haare.

»Ein Weib, ein Weib!«, schreit es neben mir.

»Sie ist eine Hexe, auf den Scheiterhaufen mit ihr!«, schreit ein anderer Kuttenträger.

»Die Hexe soll brennen! Die Hexe soll brennen!«, johlt nun die ganze Zuschauertribüne.

Sheila, Emma, Ole und Krümel fangen an zu heulen. Leon stammelt: »Aber Ritter sind doch die Guten!«, Luzi will unbedingt gucken, ob die Frau noch rechtzeitig fliehen kann oder etwa wirklich auf dem Scheiterhaufen landet, und Finn und Ben klammern sich so fest an meine beiden Hände, dass mir die Finger taub werden.

»Kinder, das ist nur eine Show. Die haben sich alle nicht wirklich weh getan, das war nur gespielt«, versucht Erzieherin Petra zu beruhigen. Aber es ist zu spät, die Kinder haben genug vom Mittelalter.

Gerade wollen wir mit den heulenden Kindern durch

das Brettertor an den beiden Türsteherrittern vorbei zurück in die Zivilisation treten, als aus einem Zelt eine dicke Gestalt im langen Samtkleid und mit einem kunstvoll drapierten Kopftuch auf uns zustürmt.

»Um Gottes willen, was ist passiert?«, schreit die Frau.

»Bio-Bärbel?«, frage ich ungläubig. »Was machst du denn hier?«

Bio-Bärbel schließt ihren immer noch schniefenden Sohn in die Arme und sagt: »Ich arbeite. Sieht man doch. Als Wahrsagerin. Ich lese hier aus der Hand und lege Tarot-Karten. Aber nur heute, ich bin für eine Freundin eingesprungen.«

»Du kannst Tarot-Karten legen? Hättest du da nicht vorhersehen können, dass dieser Ausflug eine totale Katastrophe wird?«, frage ich säuerlich.

»Aber das ist doch alles nur Show, ich tu nur so, als ob«, sagt Bio-Bärbel, so als hätte ich eine ernst gemeinte Frage gestellt.

»Ja, ist klar, ganz tolle Show!«, pampt Petra zurück. »Theo liegt mit gespaltenem Schädel im Krankenhaus, Harkan wird von Theo-Mama eigenhändig geviertelt, und gerade haben unsere Kinder erst einem Schwertkampf und dann einem Lynchmob zugesehen. Wo soll's denn nächstes Mal hingehen beim Wandertag? In die städtische Justizvollzugsanstalt? Zum Schlachthof? Ins Pornokino? Hast du noch mehr so großartige Ausflugsideen?«

Bio-Bärbel druckst kleinlaut was von »authentisch« und »familienfreundlich« und dass sie das ja nun wirklich nicht habe wissen können, dass man hier Hexen verbrennt. »Ich bin untröstlich, das tut mir alles sehr, sehr leid«, sagt sie ungewöhnlich demütig. »Kinder, kommt doch alle mal in mein Zelt, ich hab was für euch.«

Wir drängen uns also alle in ihre niedrige Wahrsager-Jurte. Bio-Bärbel hängt ein »Besetzt«-Schild vor den Eingang. Dann holt sie aus einem großen Lederrucksack zwei Tassen und eine Thermoskanne mit Kaffee für Erzieherin Petra und mich. Und – ich bin fassungslos! – eine riesige Tüte mit Gummibärchen für die Kinder. Richtige Gummibärchen. Nicht das zuckerfreie Zeug aus dem Bio-Markt.

»Jetzt schaut mich nicht so an. Da ist doch jetzt ein Notfall hier, oder etwa nicht? Ich hab die Tüte ja auch nicht selbst gekauft, sondern geschenkt bekommen. Und eigentlich sind sowohl Gummibärchen als auch Kaffee hier auf dem Festival verboten, also verratet mich bitte nicht.«

Ob Erzieherin Petra sich so besänftigen lässt? Keine Ahnung. Aber ich trinke einen großen Schluck aus Bio-Bärbels selbstgetöpferter Kaffeetasse, sehe, wie sich die Kinder glücklich die Gummibärchen in den Mund stopfen und bin schon gar nicht mehr wütend.

Nur müde. Ganz furchtbar müde.

Regine Hauch / Michael Hauch
Kindheit ist keine Krankheit
Wie wir unsere Kinder mit Tests und Therapien
zu Patienten machen
Ca. 320 Seiten. Broschur

Band 03230

Dr. med. Michael Hauch, Kinderarzt mit langjähriger Praxiserfahrung, schlägt Alarm: Fragwürdige Diagnosen stellen für unsere Kinder eine akute Gefahr dar.

»Vor 20 Jahren vertrauten Erzieher, Lehrer, Eltern und auch Ärzte noch darauf, dass jedes Kind sein eignes Tempo hatte. Heute gibt es von allen Seiten einen enormen Druck, wenn sich ein Kind nicht genau nach Schema entwickelt. Lassen Sie sich nicht verunsichern, sondern erfahren Sie, was für die Entwicklung Ihres Kindes wirklich wichtig ist.«

Das gesamte Programm gibt es unter
www.fischerverlage.de